불끈불끈 에너지는 어디서 생길까?

Copyright © 2016 Bramblekids Ltd.
All rights reserved
Korean translation rights © 2017 Darun Publishing
Korean translation rights are arranged with Bramblekids Ltd. through Amo Agency Korea.

이 책의 한국어판 저작권은 AMO 에이전시를 통해 저작권자와 독점 계약한 다른출판사에 있습니다.
저작권법에 의해 한국 내에서 보호를 받는 저작물이므로 무단 전재와 복제를 금합니다.

지그재그
초등과학
백과사전

불끈불끈 에너지는 어디서 생길까?

게리 베일리 글
율리야 소미나 그림
방진이 옮김
정갑수 이학박사 감수

9

매직
사이언스

차례

8 불끈불끈 힘을 주는 에너지
음식과 잠 • 에너지 종류 • 충전

12 자연 속 천연 에너지원
태양이 내는 열과 빛 • 줄 • 에너지 전환
천연 에너지원 • 화석 연료

16 땅 위 식물이 석탄으로
석탄은 어떻게 탄생했을까? • 비재생 에너지원 • 석탄을 캐는 광부

20 바다 생물이 석유로
석유를 다 써 버리면?

24 석유와 환경 오염
환경을 파괴하는 자동차 • 비싼 석유

28 석유가 바다로 쏟아지면
기름 유출 사고 • 딥워터 허라이즌호 • 화학 분산제

32 날마다 줄어드는 화석 연료
점점 줄어들어요 • 연료의 해로움을 줄이자 • 새로운 에너지원

36 이글이글 태양 에너지
친환경 태양 에너지 • 태양열 집열판 • 태양 전지

40 **태양 에너지로 컴퓨터를 이용해요**
　　인터넷 카페 ● 한 대에서 열 대의 컴퓨터로 ● e폐기물

44 **뜨끈뜨끈 열을 내는 태양열 도로**
　　태양열 도로의 장점 ● 태양열 도로는 어떻게 만들까?

48 **바람이 만드는 풍력 에너지**
　　공기의 움직임 ● 풍력 터빈

52 **사람의 힘, 페달의 힘**
　　페달 펌프 사용법 ● 농촌을 살린 페달 펌프
　　페달 펌프는 어떻게 탄생했을까?

56 **쓰레기에서 에너지로**
　　쓰레기 소각로 ● 메탄가스를 내뿜는 쓰레기

60 **동식물 연료, 바이오매스**
　　에너지를 간직한 식물 ● 쓰레기 재활용 ● 바이오디젤 ● 바이오에탄올

64 **흐르는 물, 수력 에너지**
　　수력 발전 ● 재생 에너지

68 **물로 어떻게 전기를 만들까?**
　　터빈 돌리기 ● 수력 발전의 피해

72 **밀물과 썰물의 힘, 조력 에너지**
파도의 힘 • 조력 발전소 • 조류 터빈

76 **땅속의 열, 지열 에너지**
지구는 얼마나 뜨거울까? • 지열저류암 • 지열 끌어내기
줄어들지 않는 땅속 열

80 **찌릿찌릿 전기 에너지**
전기는 어떻게 흐를까? • 전지

84 **무시무시한 파괴력, 원자력 에너지**
원자 속 에너지 • 핵분열

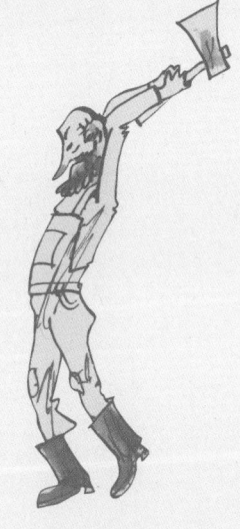

88 **원자력 에너지를 만드는 원자로**
원자로 • 위험한 방사능

92 **석유 대신 수소 연료**
수소는 어디에 있지? • 수소 모으기
수소의 사용 • 수소 자동차

96 **친환경 자동차 경주 대회**
지구를 지키는 친환경 자동차

100 맑고 푸른 생태 도시
생태 도시에서는 어떻게 살아갈까?

102 안전하고 편리한 자전거 도시
공기 좋은 도시 • 암스테르담

106 새어 나가는 열 에너지 막기
단열 • 난방비 줄이기 • 냉방비 줄이기 • 얼음 호텔

110 환경을 파괴하는 탄소 발자국
이동 발자국 • 날마다 생기는 탄소 발자국 • 환경 파괴
에너지 아끼기 • 우리 집은 에너지를 얼마나 쓸까?
전원을 끕시다 • 걷거나 자전거 타기
태양 에너지 이용하기 • 소형 풍력 터빈 달기

116 용어 설명
121 찾아보기
124 사진 출처
127 교과 연계

불끈불끈 힘을 주는 에너지

'에너지'란 어떤 물체가 일을 할 수 있는 힘, 또는 동식물이 생명을 유지하고 활동할 수 있는 힘을 말합니다. 우리가 공부나 놀이, 운동을 할 수 있는 것은 우리 몸에 에너지가 있기 때문입니다. 자동차가 도로를 달리고, 전등이 빛을 내고, 컴퓨터가 작동하는 것도 에너지 덕분입니다. 식물도 에너지가 없으면 싹을 틔우지 못하고 시들시들 죽어 갑니다.

그렇다면 이런 에너지는 어떻게 만들어지며, 그 종류는 어떤 게 있을까요?

음식과 잠

신나게 놀거나 열심히 공부하고 나면 배가 고프거나 피곤합니다. 몸에서 에너지가 떨어졌기 때문입니다. 그러면 우리 몸에 에너지를 채우는 방법은 무엇일까요? 첫 번째 방법은 음식을 먹는 것이고, 두 번째는 잠을 푹 자는 거예요. 영양 있는 음식을 먹고 잠을 푹 자고 나면 새로운 에너지가 생겨납니다. 자동차에 휘발유 같은 연료를 넣으면 쌩쌩 달릴 수 있는 것과 마찬가지랍니다.

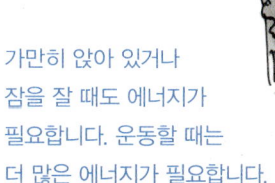

가만히 앉아 있거나 잠을 잘 때도 에너지가 필요합니다. 운동할 때는 더 많은 에너지가 필요합니다.

낙타는 등에 난 혹에 에너지를 보관해 둡니다.

에너지 종류

에너지는 여러 종류가 있지만 대표적으로 운동 에너지와 위치 에너지, 두 가지로 나눌 수 있습니다. 운동 에너지는 움직이는 물체가 내는 에너지입니다. 움직이는 자전거, 움직이는 공, 움직이는 사람의 다리 등 무엇이든 움직일 때 나오는 에너지예요. 위치 에너지는 물체의 위치에 따라 달라지는 에너지입니다. 예를 들어 낮은 곳보다는 높은 곳에서 물건이 떨어질 때 쿵 소리가 크게 나지요. 이것은 높은 곳에 있는 물체일수록 위치 에너지가 크기 때문입니다.

그 밖에 석탄, 석유 같은 연료가 일으키는 '화학 에너지'도 있고, 원자핵을 이용한 '원자력 에너지', 건전지에 모아 둘 수 있는 '전기 에너지' 등이 있습니다.

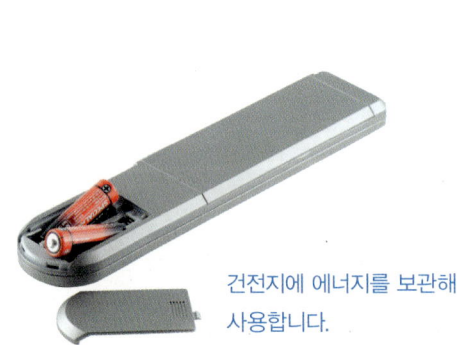

건전지에 에너지를 보관해 사용합니다.

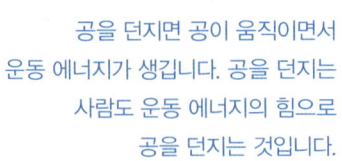

공을 던지면 공이 움직이면서 운동 에너지가 생깁니다. 공을 던지는 사람도 운동 에너지의 힘으로 공을 던지는 것입니다.

충전

우리는 스마트폰이나 노트북 배터리에 에너지를 충전해서 사용합니다. 미래에는 배터리 충전 속도가 무척 빨라지고, 사용 시간이 길어질 것입니다. 또 충전 방법도 색달라질 거예요. 어쩌면 피부를 문질러서 생기는 마찰력이나 물방울, 심지어 오줌을 이용해 충전하게 될지도 모릅니다.

식물을 키우면서 충전할 수 있는 '바이우'라는 화분도 있습니다. 식물은 햇빛, 이산화탄소, 물을 이용해 스스로 영양분을 만드는 '광합성'을 하지요. 광합성을 하는 동안 식물에서 전자가 생겨나는데, 바로 그 전자를 끌어모아 전기 에너지로 사용하는 것이 바이우 화분입니다.

바이우의 좋은 점은 식물에서 전기를 얻지만 그 식물이나 다른 자연을 해치지 않는다는 것입니다. 이렇게 자연 환경에 해롭지 않은 에너지를 친환경 에너지라고 합니다. 나무와 숲을 잘 가꾼다면 앞으로 모든 전기를 친환경 에너지로 사용할 수 있을지도 모릅니다.

키워드 ☆   운동 에너지   위치 에너지   충전
친환경 에너지

자연 속 천연 에너지원

지구에는 석탄, 석유, 태양 등 에너지를 끌어다 쓸 수 있는 천연 자원이 여러 가지 있습니다. 그중 가장 중요한 에너지 자원은 태양입니다.

태양은 이글이글 타오르는 커다란 기체 덩어리입니다. 이 태양에서 우리는 많은 에너지를 끌어다 쓰고 있어요. 태양은 1초마다 지구가 100만 년 동안이나 움직일 수 있는 에너지를 만들어 낸답니다.

태양이 내는 열과 빛

태양이 내는 열과 빛 덕분에 날마다 아침이 밝아 오고 공기가 따뜻하게 데워집니다. 이 열과 빛이 바로 태양이 내보내는 에너지입니다. 태양 에너지는 태양의 중심에 있는 '핵'에서 생겨나서 태양 바깥으로 빠져나와 우주로 퍼져 나갑니다.

태양을 이루고 있는 기체들 가운데 가장 많은 것은 수소와 헬륨입니다. 태양의 핵 속에서 수소 원자들이 만나 헬륨으로 변하는 핵융합이 일어나는데, 바로 이때 뜨거운 열이 나며 에너지가 만들어져요.

태양은 핵 온도가 1,500만 도나 될 만큼 굉장히 뜨겁습니다. 이렇게 뜨거운 열은 오랜 세월에 걸쳐 지구에 오는 동안 동식물이 살기에 적당한 온도가 되지요.

태양은 앞으로 50억 년 동안은 계속해서 이글이글 타오를 것입니다. 그래서 태양 에너지는 거의 영원히 쓸 수 있는 에너지예요. 하지만 아주 먼 미래에는 핵 속의 수소가 바닥이 나서 태양 빛이 꺼지게 된답니다.

줄

에너지를 나타내는 단위는 줄입니다. 영어로 간단하게 J라고 쓰기도 하지요. '1줄'은 무게가 100그램인 물체를 1미터 높이로 들어 올리는 데 필요한 에너지를 말합니다. 100그램은 사과 하나 정도의 무게랍니다.

에너지 전환

우리가 에너지를 쓴다고 해서 그만큼 에너지가 사라지는 것은 아닙니다. 다른 형태의 에너지로 바뀔 뿐이지요. 예를 들어 전기 주전자로 물을 끓인다면 전기 에너지가 물을 뜨겁게 하는 열 에너지로 전환되는 거예요. 그래서 에너지의 전체 양은 줄어들거나 많아지지 않고 언제나 똑같답니다.

천연 에너지원

태양처럼 자연에서 얻을 수 있는 에너지 자원을 천연 에너지원이라고 합니다. 그 밖에도 우리 지구에는 에너지를 일으키는 천연자원이 많습니다. 하늘에서 떨어지는 '빗물'이나 세찬 '바람'의 힘으로 전기를 만들 수도 있어요. 그렇게 만들어 낸 전기는 집과 공장으로 공급되어 빛과 열의 형태로 에너지를 이용하게 된답니다.

화석 연료

오늘날 사람들이 많이 쓰는 천연 에너지원은 화석 연료입니다. 화석 연료에는 석탄, 석유, 천연가스 등이 있습니다.

화석 연료는 까마득한 옛날에 태양의 빛과 열을 받고 자라던 식물이 썩고 굳어서 만들어진 것입니다. 그런데 화석 연료는 만들어지기까지 너무나 오랜 세월이 걸려서 언젠가는 바닥이 날 거라고 해요. 그래서 가격도 비싸고 귀하답니다.

태양 빛은 무한정 내리쬐는데, 그 태양이 만들어 낸 화석 연료는 왜 그렇게 귀한 걸까요?

키워드 ☆   수소   헬륨   핵융합   줄   전환   천연 에너지원   화석 연료

땅 위 식물이 석탄으로

석탄은 수백 년 전부터 많은 나라에서 쓰기 시작한 연료입니다. 옛날에는 집 안을 따뜻하게 하는 난방 시설에 석탄을 많이 썼는데, 요즘에는 제품을 만드는 공장이나 전기를 만드는 발전소에서도 많이 씁니다.

석탄은 어떻게 탄생했을까?

수억 년 전 깊은 숲에서 죽은 식물 위로 물과 흙이 쌓였어요. 그러자 죽은 식물은 열과 압력을 받아 화석처럼 굳어서 석탄이 되었어요.

비재생 에너지원

수억 년 전에 지구는 늪과 숲으로 뒤덮여 있었습니다. 그 무렵 숲을 이루었던 나무와 풀이 죽으면서 늪 바닥에 쌓여 갔습니다. 그 위로 물과 흙이 켜켜이 쌓이면서 수백만 년 동안 열과 압력이 더해졌어요. 그러는 동안 땅속에 갇힌 식물은 흑갈색 암석으로 천천히 굳어 가면서 석탄이 되었습니다.

　석탄은 이렇게 오랜 세월에 걸쳐 만들어집니다. 그런데 사람들은 계속해서 석탄을 쓰기 때문에 석탄의 양이 점점 줄어들고 있습니다. 이렇게 쓰면 쓸수록 줄어드는 에너지원을 비재생 에너지원이라고 합니다.

암석층 사이로 보이는 석탄

땅속 깊이 석탄이 묻혀 있는 광산

캐낸 석탄을 땅 위로 실어 나르는 운반대

석탄을 캐는 광부

땅속에 석탄이 묻혀 있는 층을 '탄층'이라고 부릅니다. 광부들은 탄층이 있는 곳까지 깊이 굴을 파고 들어가 석탄을 캡니다. 가끔은 굴이 무너져서 광부들이 다치기도 합니다. 그만큼 석탄을 캐는 일은 무척 힘들고 위험한 일이랍니다.

얕은 땅에 석탄이 묻혀 있는 노천광에서는 땅 위에서부터 한 층씩 밑으로 파내려 가며 석탄을 캡니다.

키워드

석탄　난방 시설
발전소
비재생 에너지원
광산　광부

바다 생물이
석유로

석유는 원래 3, 4억 년 전에 살았던 바다 생물이었습니다. 그 옛날 바다에 살던 작은 동물과 식물이 죽자 그 위로 수백만 년에 걸쳐 모래와 진흙이 쌓여 갔습니다. 그러는 동안 동식물은 열과 압력을 받아서 석유가 되었답니다.

석유를 다 써 버리면?

석유도 석탄처럼 비재생 에너지원입니다. 지구에 있는 석유를 다 쓰고 나면 더 이상 쓸 석유가 없답니다. 과학자들은 석탄과 석유 대신 쓸 수 있는 에너지원을 찾아 끊임없이 연구하고 있습니다.

석탄이 땅 위 식물이 죽어서 만들어진 것이라면, 석유는 바다 생물이 죽어서 만들어진 것입니다. 바다 생물 중에서도 물에 떠다니는 아주 작은 동식물인 플랑크톤이 바다 밑으로 가라앉아서 만들어졌지요. 플랑크톤이 바다 밑바닥에 쌓이자 그 위로 모래와 진흙이 쌓였습니다. 세월이 흐르는 동안 플랑크톤은 열과 압력을 받아서 시커멓고 걸쭉한 기름으로 변했지요. 그 기름이 바로 오늘날 우리가 쓰는 석유가 되었답니다.

정유 공장에서는 천연 그대로의 석유인 원유를 분리해서 휘발유, 경유, 등유 같은 기름을 만듭니다.

바다 밑바닥을 파서 석유를 찾는 배인 **시추선**이 바다에 단단히 고정되어 있습니다.

석유를 다른 곳으로 나르는 송유관은 길이가 수천 킬로미터나 되기도 합니다.

키워드

석유   플랑크톤
기름   정유 공장
시추선

석유와 환경 오염

석유는 수천 년 전부터 사람들에게 알려졌지만, 그때는 그 사용법을 잘 알지 못했습니다. 석유를 중요한 연료로 사용하기 시작한 것은 겨우 150년 전부터입니다.

1900년 전후에는 석유를 분리해서 '가솔린'이라고도 부르는 휘발유를 개발했습니다. 그즈음 자동차가 많이 생산되었는데, 자동차를 움직이는 연료로 휘발유를 사용했지요. 오늘날 휘발유는 석유로 만드는 가장 중요한 제품이 되었습니다.

환경을 파괴하는 자동차

같은 거리를 달릴 때 큰 차는 작은 차보다 휘발유나 경유가 더 많이 필요합니다. 휘발유나 경유 같은 화석 연료를 많이 쓸수록 자연환경은 더 빨리 파괴됩니다. 화석 연료가 탈 때 공기를 오염시키는 온실가스가 나오기 때문이지요. 온실가스가 많아지면 지구 전체의 온도가 뜨거워지는 지구 온난화 현상으로 동식물이 살기 어려운 환경이 된답니다.

오늘날 많은 자동차와 공장, 화력 발전소가 내뿜는 매연 때문에 공기가 점점 더 오염되고 있습니다. 그럴수록 더 나쁜 산성비가 내리고 미세먼지가 심해져서 우리의 건강을 해칠 것입니다.

대부분의 자동차는 온실가스를 내뿜는 휘발유나 경유를 연료로 사용합니다.

비싼 석유

석유는 여러 물질이 섞여 있는데 정유 공장에서는 석유를 분리해서 휘발유, 등유, 경유, 중유 등을 만들어 냅니다. 나라를 다스리는 정부는 비재생 에너지원인 석유를 아끼기 위해 석유에 높은 세금을 매기고 있습니다. 그러면 석유 값이 비싸서 사람들이 석유가 적게 들어가는 작은 차를 이용하고, 공장이나 가정집에서도 석유를 아껴 쓰게 되니까요.

작은 차를 이용할수록 지구의 자원을 더 아낄 수 있고, 자연환경도 지킬 수 있다는 사실을 기억하세요.

작은 차를 타면 석유를 아낄 수 있고, 공기도 덜 오염됩니다.

큰 자동차가 많을수록 석유 자원은
더 빨리 사라질 것입니다.

작은 차는 주차하기도 쉬워요!

키워드

온실가스
지구 온난화
산성비
미세먼지

석유가 바다로 쏟아지면

석유를 싣고 바다를 이동하는 배를 유조선이라고 합니다. 만일 유조선이 바다에서 사고가 나서 배 안에 있던 기름이 바다로 쏟아지면 어떻게 될까요? 이렇게 기름 유출 사고가 나면 바닷물이 오염되어 바닷속 생물이 죽게 되고, 바다 주변의 생태계까지 무너질 수 있습니다. 그러면 어부들이 일거리를 잃게 되고, 그 주변 주민들은 환경 오염 문제로 오랫동안 고생하게 될 것입니다.

기름 유출 사고

유조선 사고가 나면 기름이 바닷물을 따라 넓게 퍼져 나갑니다. 그 바다에 살던 물고기나 새들은 끈적끈적한 기름에 뒤덮여 시름시름 앓다가 죽어 갑니다.

그동안 지구 곳곳에서는 몇 번의 유조선 사고로 큰 피해를 입었습니다. 그 피해를 줄이기 위해서 요즘에는 유조선을 만들 때 배의 바닥과 벽면을 두 겹으로 짓고 있습니다. 그러면 기름통이 새더라도 기름이 바다로 쏟아지는 걸 막을 수 있지요. 이제 유조선 사고 피해는 줄어들었지만, 기름이 이동하는 송유관이 터지는 사고는 여전히 가끔씩 일어나고 있답니다.

석유에 오염된 새는 석유를 깨끗이 닦아 줘야 합니다.

딥워터 허라이즌호

딥워터 허라이즌호는 미국 멕시코만에 있었던 석유 시추선 이름입니다. 2010년 4월 20일, 딥워터 허라이즌호에서 커다란 폭발 사고가 있었어요. 이 사고로 바다 밑바닥에 박아 놓았던 파이프가 깨졌습니다. 그래서 매일 엄청난 양의 석유가 쏟아져 나와 미국의 바다 곳곳으로 퍼져 나갔지요. 이틀 뒤인 4월 22일, 딥워터 허라이즌호는 바다 밑으로 가라앉았습니다. 이 사고로 667백만 리터가 넘는 석유가 바다로 흩어졌다고 합니다.

화학 분산제

석유 같은 기름은 일반적인 세제로는 닦이지 않습니다. 석유를 닦아 내려면 화학 분산제가 섞인 세제를 써야 합니다. 석유가 쏟아진 바다에도 화학 분산제를 뿌리면 석유가 잘게 부서져서 바다가 오염되는 피해를 줄일 수 있습니다. 그렇지만 화학 분산제를 마음 놓고 뿌리기도 어렵습니다. 화학 분산제에 독성 물질이 들어 있어서 많이 뿌리면 바다 생물이 피해를 입게 된답니다.

키워드 ★ 유조선   기름 유출   딥워터 허라이즌호
화학 분산제   독성

날마다 줄어드는 화석 연료

사람은 음식을 먹거나 잠을 자고 나면 새로운 에너지가 생깁니다. 그런데 석탄, 석유, 천연가스 같은 화석 연료는 쓰면 쓸수록 줄어듭니다. 화석 연료는 이미 수억 년 전에 만들어진 것을 오늘날 우리가 사용하는 것이며, 새로운 화석 연료를 만들어 내기는 힘들거든요.

점점 줄어들어요

사람들은 끊임없이 석탄, 석유, 천연가스 같은 연료를 사용합니다. 자동차 연료로도 쓰고, 난방기나 온수기를 돌리는 데도 쓰고, 공장에서 제품을 만들 때도 엄청난 연료를 사용합니다. 그래서 화석 연료는 날마다 조금씩 줄어들고 있답니다.

연료의 해로움을 줄이자

석탄은 석유보다 훨씬 적은 비용으로 이용할 수 있는 연료입니다. 하지만 석탄을 태울 때도 공기를 오염시키는 물질이 생겨납니다. 지구 온난화를 일으키는 이산화탄소뿐만 아니라 산성비를 만드는 이산화황과 질소산화물도 생겨나지요.

과학자들은 어떻게 하면 이런 오염 물질의 해로움을 줄일지 연구하고 있습니다. 석탄을 캐내서 깨끗이 씻어 두면 나중에 사용할 때 해로운 물질이 덜 나온다고 합니다. 석탄이 타면서 연기가 굴뚝을 통해 나가기 전에 이산화황을 걸러 내는 것도 해로움을 줄이는 방법이랍니다.

새로운 에너지원

화석 연료를 아끼고 그 해로움을 줄이는 가장 좋은 방법은 새로운 에너지원을 개발하는 것입니다. 과학자들은 오래전부터 햇빛, 바람, 파도 등 또 다른 천연자원으로 에너지를 만드는 방법을 연구하고 있습니다. 땅속에서 뜨거운 물을 끌어내 에너지를 만드는 지열 발전도 새로운 에너지를 얻는 좋은 방법입니다.

지구를 보호하려면 이렇게 새로운 천연자원에서 에너지를 얻도록 노력해야 합니다. 화석 연료가 더 부족해지기 전에 어서 빨리 또 다른 에너지원을 찾아야 할 것입니다.

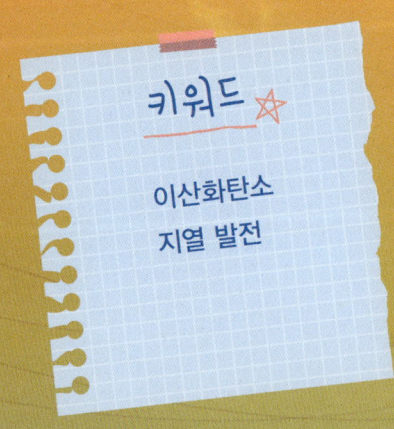

키워드

이산화탄소
지열 발전

공장에서 내뿜는 연기에는 화석 연료가 타면서 나오는 해로운 물질이 들어 있습니다.

이글이글 태양 에너지

태양은 수십억 년 전에 이 세상에 태어났습니다. 그때부터 태양은 끊임없이 우리에게 빛과 열을 주고 있지요. 이러한 태양 에너지는 멀리 퍼지는 파장의 형태로 지구에 전해집니다. 이 파장을 모아서 화학 에너지나 전기 에너지 같은 다른 형태의 에너지로 바꿔 쓸 수 있습니다.

친환경 태양 에너지

태양 빛이 닿는 곳은 따뜻함이 느껴집니다. 이것은 태양 빛이 직접 열을 전달해 주기 때문인데, 이렇게 열이 직접 전달되는 것을 '복사'라고 해요. 그래서 태양 에너지를 '복사 에너지'라고도 하지요.

　태양 에너지는 열 에너지의 형태로 가정집, 호텔, 수영장 등에서 물과 실내 공기를 덥히는 데 이용됩니다. 태양 에너지의 좋은 점은 써도 써도 줄어들지 않는 재생 에너지이며, 자연환경을 해치지 않는 친환경 에너지라는 것입니다.

빛을 내는 태양만 있다면 에너지를 만들어 쓸 수 있습니다.

태양열 집열판

태양열 집열판을 이용하면 태양열을 끌어모아 물을 데우고 집 안을 따뜻하게 할 수 있습니다. 태양열 집열판은 어두운 색깔의 넓은 판인 집열판과 투명한 유리판, 그리고 물이 흐르는 파이프로 이루어졌습니다.

건물 지붕에 태양열 집열판을 설치하면 집열판에서 태양열을 흡수하고, 그 위에 덮어씌워진 유리판이 열을 보호합니다. 그러면 파이프 속 물이 끓으며 그 건물에 뜨거운 물과 열기를 보내 줍니다.

많은 열 에너지를 생산하기 위해 넓은 공간에 태양열 집열판을 설치합니다.

태양 전지

태양 전지는 태양에서 얻은 빛 에너지를 전기 에너지로 바꾸는 장치입니다. 어떤 방법으로 바꿀까요?

햇빛은 아주 작은 빛 알갱이인 광자로 이루어졌는데, 광자가 태양 전지에 닿으면 태양 전지가 광자의 일부분을 빨아들입니다. 이때 빨려 들어간 광자는 태양 전지 겉면이 양극과 음극 역할을 하게 만듭니다. 이러한 태양 전지를 서로 이어 붙이면 전기가 흐르게 된답니다.

태양 전지를 이어 붙인 태양 전지판은 땅 위뿐만 아니라 먼 바다에도 세울 수 있습니다.

태양빛을 이용한 또 하나의 발명품 '베타선 발전기'는 화창한 날뿐 아니라 조금 흐린 날에도 태양 에너지를 끌어모을 수 있습니다. 밤에는 달빛에서도 에너지를 모을 수 있습니다.

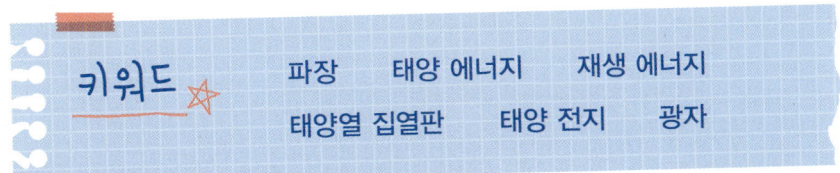

키워드 ☆ 파장   태양 에너지   재생 에너지
         태양열 집열판   태양 전지   광자

태양 에너지로 컴퓨터를 이용해요

이제 컴퓨터와 인터넷은 많은 나라에서 쉽게 이용할 수 있습니다. 하지만 아직도 컴퓨터가 매우 귀한 나라도 있습니다. '컴퓨터 에이드 인터내셔널'이라는 국제 자선 단체는 지금까지 약 17만 대의 컴퓨터를 가난한 나라에 보내 주었습니다. 이 단체는 앞으로도 컴퓨터와 관계된 이런저런 자선 활동을 펼쳐 나갈 것입니다.

인터넷 카페

물건을 운반하는 데 쓰는 커다란 컨테이너 안에 인터넷 카페를 차려 볼까요? 먼저 버려진 화물 컨테이너를 구해 와서 벽에다 열을 보호하는 단열재를 붙입니다. 그리고 그 안에 전등을 달고 책상, 의자, 컴퓨터를 놓으면 세상 곳곳을 옮겨 다닐 수 있는 인터넷 카페가 된답니다.

중요한 것은 여기에 전기를 공급해야 한다는 것입니다. 그래야 전등을 켜고 컴퓨터도 이용할 수 있겠지요. 그런데 아주 가난하거나 깊은 산골 지역에는 아직 전기가 들어오지 않은 곳도 많아요. 만일 그런 지역에 간다면 지붕에 태양 전지판을 달면 됩니다. 그러면 태양 빛을 끌어모아 전기를 일으킬 수 있답니다.

화물 컨테이너에 차려진 인터넷 카페가 태양의 힘으로 돌아갑니다.

한 대에서 열 대의 컴퓨터로

컨테이너 지붕에 태양 전지판을 가득 설치해도 전기를 한꺼번에 많이 만들지는 못합니다. 겨우 컴퓨터 한 대를 움직일 만한 전기밖에 만들지 못해요.

인터넷 카페에는 컴퓨터가 여러 대 있으니 그만큼 많은 전기가 필요합니다. 그래서 '펜티엄 4'라는 중앙 처리 장치가 들어 있는 컴퓨터 한 대에 열 대의 컴퓨터를 연결합니다. 그러면 한 대의 컴퓨터에만 전기를 공급해 줘도 다른 컴퓨터들까지 이용할 수 있지요. 이런 방법을 쓰면 태양 전지로 열 대의 컴퓨터를 이용하며 전등도 밝히고 휴대전화도 충전할 수 있답니다.

컴퓨터 한 대를 서버로 하여 열 대의 컴퓨터를 쓸 수 있습니다.

e폐기물

컴퓨터 에이드 인터내셔널이 가난한 나라에 보내 주는 컴퓨터는 사람들이 쓰다가 버린 것입니다. 세상에는 해마다 수억만 대의 컴퓨터와 수백만 대의 휴대전화 등 수많은 전자제품이 버려지고 있는데, 이런 제품을 고쳐서 보내 주는 것이랍니다.

이렇게 전자제품을 재활용하면 e폐기물이 줄어들어서 환경 보호에 도움이 됩니다. e폐기물이란 버려진 전자제품에서 나오는 중금속 등 건강에 해로운 쓰레기를 말합니다. 여러분도 전자제품을 쓰다가 버릴 때는 쓰레기통에 넣지 말고 재활용할 수 있는 방법을 찾아보세요. 컴퓨터 에이드 인터내셔널과 같은 단체에 기부하는 것도 좋은 방법이랍니다.

스와질란드의 한 여학교 학생들이 컴퓨터 에이드 인터내셔널에서 기부받은 컴퓨터를 쓰고 있습니다.

키워드

인터넷 카페
재활용
e폐기물
중금속

뜨끈뜨끈 열을 내는 태양열 도로

길고 구불구불한 길이 에너지를 만들어 낸다고 상상해 보세요. 정말 이런 길이 있을까요?
미국 아이다호주에 사는 과학자들이 태양열 도로라는 놀라운 발명품을 개발했는데, 바로 이것이 태양의 힘으로 에너지를 만들어 내는 길이랍니다.

태양열 도로의 장점

폭설이 내려 길바닥에 눈이 잔뜩 쌓이면 차들이 미끄러질까 봐 엉금엉금 기어갑니다. 쌓인 눈은 치우기도 힘들고, 녹아 없어질 때까지 며칠씩 걸리곤 하지요. 태양열 도로는 바로 이런 문제를 해결할 수 있습니다. 태양에서 에너지를 얻은 도로가 열을 내며 눈을 녹이기 때문에 눈이 쌓일 걱정이 없거든요.

태양열 도로는 태양의 힘으로 전기도 만들어 냅니다. 그 전기로 신호등을 밝히고 이런저런 경고 표시를 해 줍니다. 전기를 연료로 사용하는 전기 자동차는 태양열 도로를 달리며 전기를 충전할 수 있습니다.

태양열 도로가 온 세상에 깔린다면 연료 걱정 없이 매우 안전하게 자동차를 탈 수 있을 것입니다.

태양열 도로는 어떻게 만들까?

태양열 도로는 태양 전지판을 길바닥에 깔아서 만듭니다. 여기에 사용하는 태양 전지판은 보통 벌집이나 바둑판 모양으로 만들어서 서로 맞물리게 이어 붙입니다. 그래야 구불구불하고 울퉁불퉁한 길바닥에도 말끔하게 깔 수 있거든요. 태양 전지판을 길게 깐 다음 태양 전지 전체에 전기가 통하게 하고 센서로 컴퓨터와 연결하면 태양열 도로가 된답니다.

태양열 도로는 차도뿐만 아니라 사람이 다니는 인도나 집 앞마당 등 모든 땅바닥에 만들 수 있습니다. 세계 최초의 태양열 도로는 미국 아이다호주에 있는 어느 마을 인도에 만들어졌습니다.

아직까지는 태양열 도로가 잘 알려지지 않았지만, 앞으로 이런 도로가 세계 곳곳에 만들어진다면 자원 절약과 환경 보호에 큰 도움이 될 것입니다.

키워드

태양열 도로
전기 자동차
차도
인도

태양열 도로는 커다란 자동차가 지나가도
끄떡없도록 단단하게 만들어야 합니다.

바람이 만드는 풍력 에너지

바람이 엄청나게 세게 불면 나무가 쓰러지거나 건물이 무너지기도 합니다. 바람은 그만큼 힘이 세답니다. 그러니까 바람도 에너지를 갖고 있다는 말이에요. 바람에서 나오는 에너지를 풍력 에너지라고 합니다. 풍력 에너지는 어떻게 얻어 내며, 어떤 일에 사용할 수 있을까요?

공기의 움직임

바람이란 공기가 움직이는 것을 말합니다. 공기가 따뜻해지면 가벼워져서 위로 올라가고, 그 빈자리는 차가운 공기가 와서 채우게 됩니다. 이러한 '공기의 움직임'을 바로 바람이라고 하지요.

바람의 힘인 풍력 에너지로 전기 에너지를 만들어 내는 것을 풍력 발전이라고 합니다. 풍력 발전을 이용하면 자원 낭비 없이 계속해서 에너지를 만들 수 있습니다. 공기는 지구 주위를 가득 둘러싸고 있으며 계속해서 써도 줄어들지 않기 때문이지요.

풍력 터빈

옛날에는 풍력 에너지를 얻기 위해 풍차를 이용했습니다. 바람이 불면 풍차에 달린 회전 날개가 세차게 돌아가는데, 그때 날개의 힘을 이용해 곡식을 갈아 먹곤 했지요.

요즘에는 풍차 대신 풍력 터빈을 이용합니다. 바람이 불면 풍력 터빈의 날개가 돌아가는데, 이 날개에 발전기를 연결하면 전기 에너지가 생겨납니다.

전기를 많이 얻으려면 여러 대의 풍력 터

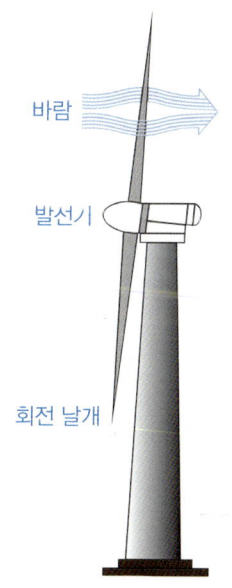

바람이 불면 터빈 날개가 세차게 돌아가고, 터빈에 연결된 발전기가 움직입니다.

빈을 한꺼번에 돌려야 합니다. 풍력 터빈을 여러 대 설치해 놓은 곳을 풍력 발전 단지라고 부릅니다. 풍력 발전 단지는 높은 언덕이나 넓은 평원, 또는 육지와 가까운 바다에 있는데, 그런 곳이 바람이 많이 불기 때문입니다.

바다에 세운 풍력 발전 단지

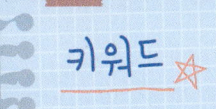

키워드 ★   풍력 에너지   풍력 발전   풍차
           풍력 터빈   발전기   풍력 발전 단지

풍력 에너지로 전기를 생산합니다.
바람은 공기를 오염시키지 않는
깨끗한 에너지원입니다.

사람의 힘, 페달의 힘

사람도 에너지원이 될 수 있습니다. 사람은 다리의 근육을 움직여 자전거를 타지요. 이때 자전거 바퀴가 굴러가는 것은 사람이 페달을 밟았기 때문입니다. 이렇게 사람의 힘으로 페달을 누를 때 생기는 에너지로 여러 가지 일을 할 수 있습니다.

페달 펌프 사용법

수도 시설이 없었던 옛날에는 펌프로 우물물을 퍼 올려 사용했습니다. 펌프에는 지렛대처럼 움직이는 손잡이가 달려 있는데, 이 손잡이를 사람의 힘으로 세차게 누르면 물이 올라온답니다.

오늘날에는 페달이 달린 펌프를 이용해 물을 끌어다 쓰는 곳이 있습니다. 사람이 페달에 올라서서 힘껏 밟으면 펌프에 연결된 파이프를 통해 멀리 있는 물을 끌어올 수 있지요. 페달을 밟는 것은 펌프 안에 설치된 피스톤을 움직이기 위한 것입니다. 피스톤이 움직여야만 파이프 안에서 물을 빨아들이는 힘이 생긴답니다.

이러한 페달 펌프는 우물이나 강, 호수의 물을 한 시간에 5,000에서 7,000리터 정도 끌어올 수 있습니다.

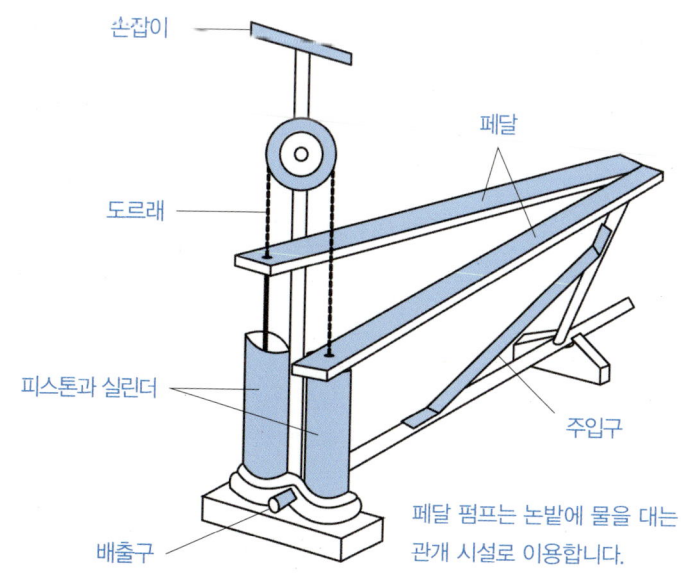

페달 펌프는 논밭에 물을 대는 관개 시설로 이용합니다.

농촌을 살린 페달 펌프

페달 펌프로 끌어온 물은 논밭에 물을 주는 데 쓰입니다. 예전에 인도의 농촌에서는 비가 내려야만 농작물이 물을 흠뻑 머금을 수 있었습니다. 논밭에 물을 끌어다 쓰는 방법을 몰랐기 때문이에요. 그래서 해마다 한 가지 농작물만 기를 수 있었고, 가뭄이 들면 농사를 망치곤 했지요.

이제 인도는 페달 펌프로 물을 끌어다 논밭에 줍니다. 그래서 전보다 훨씬 많은 농작물을 수확하게 되었고, 돈도 많이 벌게 되었지요. 농사가 잘되니 일손이 많이 필요해져서 가족들이 일거리를 찾아 도시로 떠나는 일도 줄어들었답니다.

페달 펌프는 어떻게 탄생했을까?

페달 펌프는 '국제개발기업'이라는 사회적 기업이 만들어 낸 것입니다. 사회적 기업이란 돈을 버는 것보다 다 함께 잘사는 것을 더 중요하게 여기는 기업을 말합니다. 국제개발기업은 가난한 농부들이 가뭄 때문에 농사를 망친다는 걸 알고 페달 펌프를 만들어 보급하게 되었습니다.

페달 펌프 덕분에 농부들뿐만 아니라 페달 펌프를 만드는 제조업자나 판매업자, 그리고 펌프 설치업자들까지 더 열심히 일하게 되었습니다. 지금까지 인도에서는 50만 대가 넘는 페달 펌프가 팔렸고, 방글라데시에서는 100만 대 이상 팔렸다고 합니다.

페달 펌프를 이용해 밭으로 물을 보내고 있습니다.

키워드 지렛대   피스톤   페달 펌프
농작물   사회적 기업

쓰레기에서 에너지로

세계 곳곳에서 해마다 버려지는 쓰레기는 상상할 수 없을 만큼 많습니다. 세월이 갈수록 쓰레기는 점점 더 많이 쌓이고 있습니다. 더 이상 쓰레기를 버릴 곳이 없어서 골치를 앓을 정도랍니다. 쓰레기를 그냥 버리지 않고 다른 용도로 재활용할 수 있는 방법은 없을까요?

쓰레기 소각로

쓰레기 매립장에는 계속 쓸 수 있는데도 버려진 물건들이 많습니다. 그런 물건들을 재활용하는 것만으로도 많은 자원을 아끼고 환경을 보호할 수 있습니다.

재활용할 수 없는 진짜 쓰레기도 또다시 쓸 수 있는 방법이 있습니다. 바로 에너지를 만드는 데 쓰는 것이죠. 아래 사진 속 건물은 오스트리아 수도 빈에 세워진 거대한 쓰레기 소각로입니다. 이 멋진 소각로가 쓰레기를 태우며 내뿜는 열과 주변 공장이 내뿜는 열을 한데 모아서 전기 에너지를 만듭니다. 이 열기를 가정집으로 보내 주면 온수나 난방 시설 등에 이용할 수 있습니다.

이 첨단 소각로에서 유기물 쓰레기를 태웁니다.

메탄가스를 내뿜는 쓰레기

음식물 쓰레기, 가축의 똥과 오줌, 나무 껍질처럼 동식물에서 나온 쓰레기를 유기물 쓰레기라고 합니다. 유기물 쓰레기가 썩으면 메탄가스가 뿜어져 나옵니다. 이런 메탄가스를 많이 모으면 자동차 연료나 전기를 만드는 데 이용할 수 있습니다.

메탄가스를 모으려면 유기물 쓰레기 매립장 바닥에 넓은 깔개를 깔고 쓰레기를 올린 다음 두꺼운 막으로 덮어 두면 됩니다. 유럽의 모든 쓰레기 매립장에서 메탄가스를 모으면 해마다 940억 세제곱미터나 나온다고 합니다. 그런데 그중에서 지금 에너지를 만드는 데 쓰는 메탄가스는 겨우 1퍼센트밖에 안 된답니다.

가정에서 버린 쓰레기는 쓰레기 매립장으로 가서 쌓입니다. 매립장의 쓰레기는 썩으면서 메탄가스 같은 독성 가스를 뿜어 냅니다.

키워드

소각로
유기물 쓰레기
메탄가스

동식물 연료, 바이오매스

동식물을 이용해 에너지를 만들 수도 있습니다. 대표적으로 나무, 고구마, 사탕수수, 죽은 동물, 그리고 김이나 미역 같은 해조류를 에너지원으로 사용합니다. 이렇게 에너지원으로 쓰이는 동식물을 **바이오매스**라고 합니다.

바이오매스로 만든 에너지로는 대표적으로 바이오디젤과 바이오에탄올이 있습니다.

에너지를 간직한 식물

식물은 물, 이산화탄소, 햇빛을 이용해 광합성을 합니다. 이때 식물은 탄수화물을 만들어 몸에 저장해 두는데, 이것은 바로 태양의 빛 에너지가 화학 에너지로 바뀌어 저장되는 것입니다.

이렇게 식물은 에너지를 간직하고 있기 때문에 에너지원으로 쓸 수 있는 것입니다. 그리고 사람이나 동물이 식물을 먹으면 식물 속의 에너지가 사람이나 동물의 몸으로 전해져서 힘이 나는 것이랍니다.

식물은 싹을 틔우고 열매를 맺는 데 필요한 에너지를 얻기 위해 광합성을 합니다.

쓰레기 재활용

펠릿

단지 동식물만 바이오매스가 되는 것이 아닙니다. 그 동식물에서 생겨난 나무 톱밥, 음식물 쓰레기, 똥과 오줌 등도 에너지를 일으키는 바이오매스가 될 수 있습니다. 목재 공장에서는 작은 나뭇조각이나 톱밥을 쓰레기로 버리곤 하는데, 이런 쓰레기를 주워다가 바이오매스로 재활용할 수 있습니다. 나뭇조각이나 톱밥은 보통 열 에너지를 내는 펠릿을 만들어 땔감으로 사용합니다.

버려진 나무를 태워 전기를 만드는 발전소

바이오디젤

바이오디젤은 콩, 유채, 포도씨, 카멜리나 같은 식물에서 기름을 짜내어 만든 연료입니다. 식당에서 쓰다 버리는 기름을 모아서 만들 수도 있습니다.

바이오디젤은 경유와 합쳐서 자동차 연료로 사용하고 있으며, 난방 시설에 이용하기도 합니다.

바이오에탄올

바이오에탄올은 식물에 있는 설탕 부분을 발효해서 만든 연료입니다. 바이오에탄올을 만들 수 있는 식물은 사탕수수, 밀, 옥수수, 감자 같은 사탕 작물이나 녹말 작물입니다.

바이오에탄올은 그대로 자동차 연료로 쓰기도 하고, 다른 자동차 연료와 섞어서 쓰기도 합니다. 바이오에탄올이 섞인 연료를 자동차에 넣으면 엔진이 부드럽게 돌아가고, 공기를 오염시키는 일산화탄소도 훨씬 적게 나온답니다.

'에탄올 85'는 휘발유 대신 자동차 연료로 쓸 수 있습니다.

이 버스는 콩기름으로 만든 바이오디젤을 연료로 사용합니다.

키워드　　바이오매스　　광합성　　화학 에너지
　　　　　펠릿　　바이오디젤　　바이오에탄올

흐르는 물, 수력 에너지

움직이는 물은 힘을 갖고 있습니다. 그래서 홍수가 나면 산사태가 나거나 건물이 무너지고, 흐르는 강물은 오랜 세월에 걸쳐 바위를 깎아 냅니다. 이러한 물의 힘으로 만들어 낸 에너지를 수력 에너지라고 합니다.

수력 발전

강줄기를 따라 세차게 흐르는 물은 엄청난 힘을 갖고 있습니다. 세차게 밀려오는 파도나 높은 곳에서 떨어지는 폭포의 물은 더 큰 힘을 갖고 있습니다. 이러한 물의 힘을 끌어모아 전기 에너지를 만드는 곳이 세계 곳곳에 있는 수력 발전소입니다.

거대한 나이아가라 폭포에서 수력을 끌어모아 전기 에너지를 만듭니다.

세차게 흐르는 강물은 터빈의 회전 날개를 돌려서 발전기를 작동시킵니다.

재생 에너지

수력 에너지, 태양 에너지, 바이오매스 에너지 등은 자연에서 쉽게 얻을 수 있는 천연자원을 이용해 계속해서 만들 수 있습니다. 이러한 에너지를 재생 에너지라고 하지요. 그런데 앞으로 지구 온난화가 심해지면 비가 내리지 않아서 수력 에너지를 만들기도 힘들어질 것입니다.

키워드

수력 에너지
수력 발전소
재생 에너지

물로 어떻게 H_2O 전기를 만들까?

흐르는 물을 에너지로 이용하려면 댐이 필요합니다. 댐이란 커다란 벽을 만들어서 강물이나 바닷물을 가두어 둔 곳이에요. 댐 옆에는 수력 발전소를 세워서 댐의 물을 전기 에너지로 바꿉니다.

세계 곳곳에는 크고 작은 댐들이 무척 많습니다. 댐 안의 물은 수력 발전뿐만 아니라 농업이나 공업 용수 등 여러 용도로 쓰입니다.

터빈 돌리기

수문을 열면 댐에 갇혀 있던 물이 쏟아져 나옵니다. 이 물은 파이프처럼 생긴 수압관으로 흘러들고, 수압관을 빠져나온 물은 세찬 힘으로 터빈 날개를 돌립니다. 그러면 발전기가 돌아가면서 전기 에너지를 만들어 낸답니다.

인도에 있는 사르다르 사로바르 댐

수력 발전의 피해

수력 에너지는 매우 깨끗한 에너지이지만, 수력 발전은 조금씩 조금씩 자연환경을 무너뜨립니다. 흐르던 강물이 댐에 갇히면 온도가 변하고,

여러 화학적 변화가 일어납니다. 강바닥의 진흙도 모양이나 성질이 달라집니다. 그러면 그 강에 살던 동식물의 건강에도 영향을 미치겠지요.

댐이나 발전소 시설이 주변 환경을 무너뜨려서 그 지역 주민들의 삶에 큰 피해를 주기도 합니다. 댐 때문에 기후가 달라져서 농사를 망치기도 하고, 심지어 마을이 물에 잠길 수도 있어요. 따라서 물 자원을 이용할 때는 주변에 피해가 가지 않도록 여러 면에서 조심해야 합니다.

댐 안에 물을 보관해 둡니다.

수문이 열리면 물이 쏟아져 나와 수압관을 거쳐 터빈 날개를 돌립니다.

발전기가 만들어 낸 전기는 '전력망'을 거쳐 전기가 필요한 집이나 공장 등으로 보내집니다.

키워드

댐
수문
수압관

밀물과 썰물의 힘, 조력 에너지

하루에 두 번씩 밀물과 썰물이 나타납니다. 밀물 때는 바닷물이 가장 높아지며 육지 쪽으로 밀려옵니다. 썰물 때는 바닷물이 가장 낮아지며 바다 쪽으로 물러납니다. 이렇게 밀물과 썰물이 나타나는 것은 달이 지구를 끌어당기는 힘 때문입니다.

파도의 힘

밀물과 썰물 같은 바닷물의 흐름을 조류라고 하며, 조류의 힘에서 나온 에너지를 조력 에너지라고 합니다. 조력 에너지는 풍력이나 태양 에너지보다 이용하기가 더 좋습니다. 바람이나 태양은 언제 어떤 변화를 보일지 모르지만, 바다는 밀물과 썰물이 날마다 꼬박꼬박 나타나며, 그 시간도 쉽게 알아낼 수 있기 때문입니다.

영국 세번강에는 봄마다 '세번보어'라고 불리는 거대한 밀물이 나타납니다.
영국에서는 세번보어에서 에너지를 얻어 내는 방법을 연구하고 있습니다.

조력 발전소

조력 에너지는 밀물과 썰물이 드나드는 바닷가나 강어귀에 댐을 세워서 만듭니다. 밀물 때는 댐에 물을 가두고, 썰물 때 그 물을 내보내는데 이때 물이 쏟아져 나오며 엄청난 조력 에너지가 생겨납니다. 발전소에서는 이 에너지로 터빈을 돌려서 전기를 생산합니다. 물을 가두고 내보내는 방식은 수력 발전과 다르지만, 전기를 만드는 원리는 비슷하지요.

세계에서 가장 큰 조력 발전소는 한국에 있는 시화호 조력 발전소로, 2011년부터 전기를 생산하고 있답니다.

프랑스 랑스강에 세워진 조력 발전소는 세계에서 두 번째로 큰 조력 발전소입니다.

조류 터빈

댐을 세우지 않고 조력 에너지를 만들 수도 있습니다. 밀물과 썰물의 차이가 큰 바닷속에 조류 터빈을 설치하면 됩니다. 조류의 힘이 터빈에 달린 날개를 돌리면 이 날개의 힘으로 발전기가 돌아가게 되지요.

조류 터빈은 풍력 터빈과 같은 원리로 움직이는데 풍력 터빈보다 훨씬 튼튼하게 만들어야 합니다. 물은 바람보다 훨씬 세찬 힘으로 터빈을 돌리기 때문이에요. 그래서 조류 터빈을 만들려면 돈도 많이 든답니다.

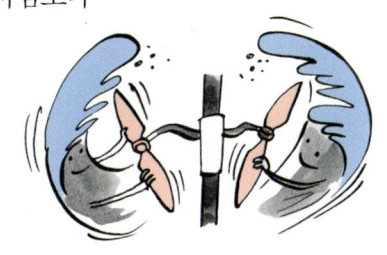

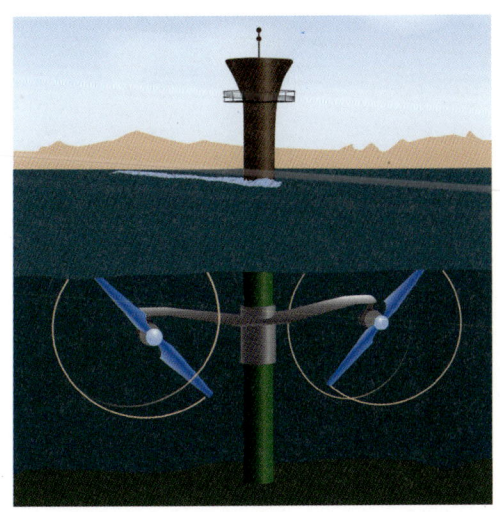

북아일랜드의 강인 스트랭퍼드호에서 사용하는 조류 터빈

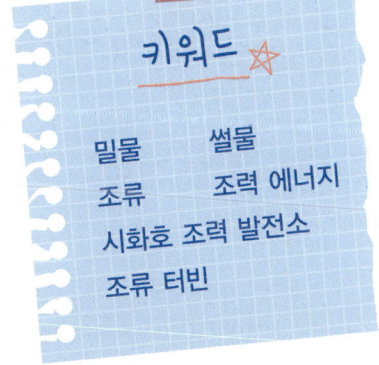

키워드

밀물　썰물
조류　조력 에너지
시화호 조력 발전소
조류 터빈

땅속의 열, 지열 에너지

지열 에너지는 지구가 품고 있는 열, 그러니까 땅속의 열을 끌어내 만든 에너지입니다. 지구는 몇 겹의 층으로 이루어졌는데, 지구 표면에서 안쪽으로 들어갈수록 더 뜨겁습니다.
이러한 지구 속 열은 어떻게 에너지로 만들어 내며, 무엇을 하는 데 쓰일까요?

지구는 얼마나 뜨거울까?

지구의 중심에 자리한 '핵'은 내핵과 외핵, 두 겹으로 되어 있습니다. 그중에 내핵의 온도는 태양의 겉면 온도인 6,000도보다 더 높습니다. 우리가 상상할 수 없을 만큼 어마어마하게 뜨거운 온도지요. 핵 바깥은 '맨틀'로 둘러싸여 있는데, 맨틀도 두 겹으로 되어 있습니다.

지구의 껍질 부분인 '지각'은 두께가 20에서 50킬로미터쯤 되며, 이보다 더 얇거나 두껍기도 합니다. 지각은 하나로 완전히 붙어 있지 않고 조각조각 나뉘어 있습니다. 그 조각들을 판이라고 부르는데, 보통은 판과 판이 만나는 곳에서 열이 뿜어져 나온답니다.

지구 속 / 지각 / 맨틀 / 외핵(액체 형태) / 내핵(고체 형태)

지열저류암

에너지로 이용할 수 있는 열 자원은 지열저류암이라는 암석층에서 끌어냅니다. 지열저류암은 땅속 깊이 자리해 있지만 무조건 땅을 깊이 판다고 해서 나오는 것이 아니에요. 지구에 대해 연구하는 지질학자들도 지열저류암이 있는 곳을 쉽게 찾아내지 못합니다. 보통은 우물을 파고 그 온도를 재서 지열저류암의 위치를 짐작합니다. 때로는 지열 에너지가 화산, 온천, 간헐천 등의 형태로 땅을 뚫고 나오기도 합니다.

지열 끌어내기

지열 발전소에서는 땅속의 열을 어떻게 끌어낼까요?

먼저 커다란 펌프를 깊은 땅속에 묻어서 뜨거운 물을 빨아들입니다. 펌프로 들어온 물은 기다란 관을 타고 땅 위로 올라옵니다. 발전소에서는 그 물을 증기로 바꿔서 발전기를 돌리는 데 이용합니다.

땅속의 뜨거운 물을 그대로 목욕탕이나 온천 물로 사용하기도 하고, 난방 시설에 이용할 수도 있습니다. 일본에는 온천이 참 많은데, 그곳에는 화산이 폭발해 뜨거운 물이 솟아나는 땅이 많기 때문입니다.

줄어들지 않는 땅속 열

지구 속 열은 끊임없이 생겨납니다. 아무리 끌어내 써도 지구의 열은 줄어들지 않아요. 그래서 지열 에너지도 계속해서 만들어 낼 수 있는 재생 에너지이며, 오염 물질이 나오지 않는 친환경 에너지이기도 해요. 지열 발전소를 세우면 하루 24시간 내내 지열을 이용할 수 있는 장점이 있습니다.

지열 에너지를 전기 에너지로 바꾸는 지열 발전소

키워드 지열 에너지   판   지열저류암   화산   온천   간헐천   지열 발전소   증기   지열 난방

아이슬란드의 수도인 레이캬비크에서는 거의 모든 건물이 **지열 난방**을 합니다.

찌릿 찌릿
전기 에너지

전기 에너지는 우리가 가장 많이 쓰는 에너지입니다. 지금 여러분 주변을 둘러보세요. 텔레비전, 컴퓨터, 전등, 에어컨 등 수없이 많은 제품을 전기 에너지로 이용하지요. 아마 전기가 없으면 이 세상은 죽은 듯 멈추어 버릴 거예요.

그만큼 전기 에너지는 중요하기 때문에 사람들은 오랜 옛날부터 전기 에너지를 만들기 위해 많은 노력을 했답니다. 오늘날에는 태양, 석탄, 바이오매스, 바람, 물 등 모든 에너지원으로 전기를 만들 수 있습니다.

전기는 어떻게 흐를까?

전구를 켰을 때 빛과 열이 나는 것은 전기가 흐르기 때문입니다. 전기가 흐르는 것은 '전자'라고 하는 눈에 보이지 않는 입자(알갱이)가 움직이기 때문입니다.

그렇다면 전자는 어디에서 온 것일까요? 모든 물질은 '원자'라는 작은 입자로 이루어졌는데, 이 원자는 다시 원자핵과 전자로 쪼갤 수 있습니다. 보통은 원자핵과 전자가 똑같은 양으로 서로 붙어 있지요. 이때는 전기가 흐르지 않아요. 그런데 전자는 성격이 활발해서 여기저기 잘 돌아다녀요. 바로 이렇게 전자가 움직일 때 전기가 흐르게 된답니다.

전지

전기가 흐르는 것을 전류라고 합니다. 전자제품을 켜려면 전류가 이동하는 길인 전기 회로가 잘 연결되어 있어야 합니다. 전기 회로는 전지, 전선, 스위치 등으로 이루어져 있어요.

여기서 전지는 크게 음극과 양극, 전해질로 이루어져 있습니다. 스위치를 누르면 전지의 음극에서 나온 전자가 전기 회로를 한 차례 돌아서 양극으로 돌아오기를 반복합니다. 이때 전해질이 화학 반응을 일으키면서 화학 에너지를 전기 에너지로 바꿔 준답니다.

전깃불로 환히 밝혀진 홍콩의 밤 풍경

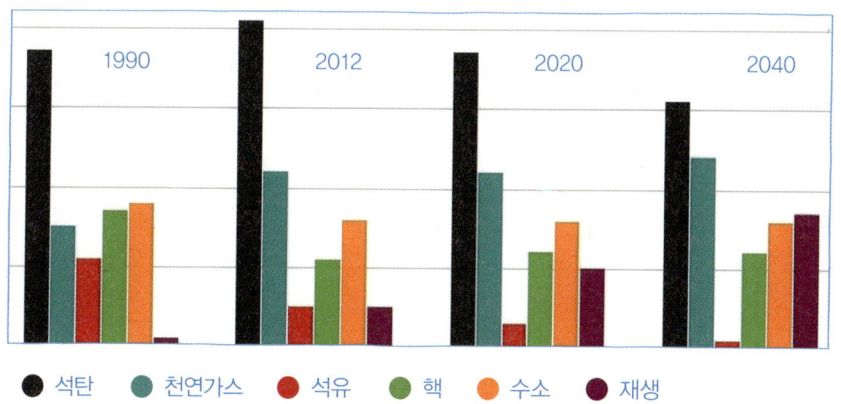

● 석탄　● 천연가스　● 석유　● 핵　● 수소　● 재생

이 그래프는 여섯 가지로 나눈 에너지원 사용량을 보여 줍니다. 미래에는 석탄과 석유를 덜 쓰고, 재생 에너지원인 태양, 지열, 바이오매스 등을 많이 사용할 것으로 보입니다.

키워드

원자핵　전자
전류　전기 회로
전지　음극
양극　전해질

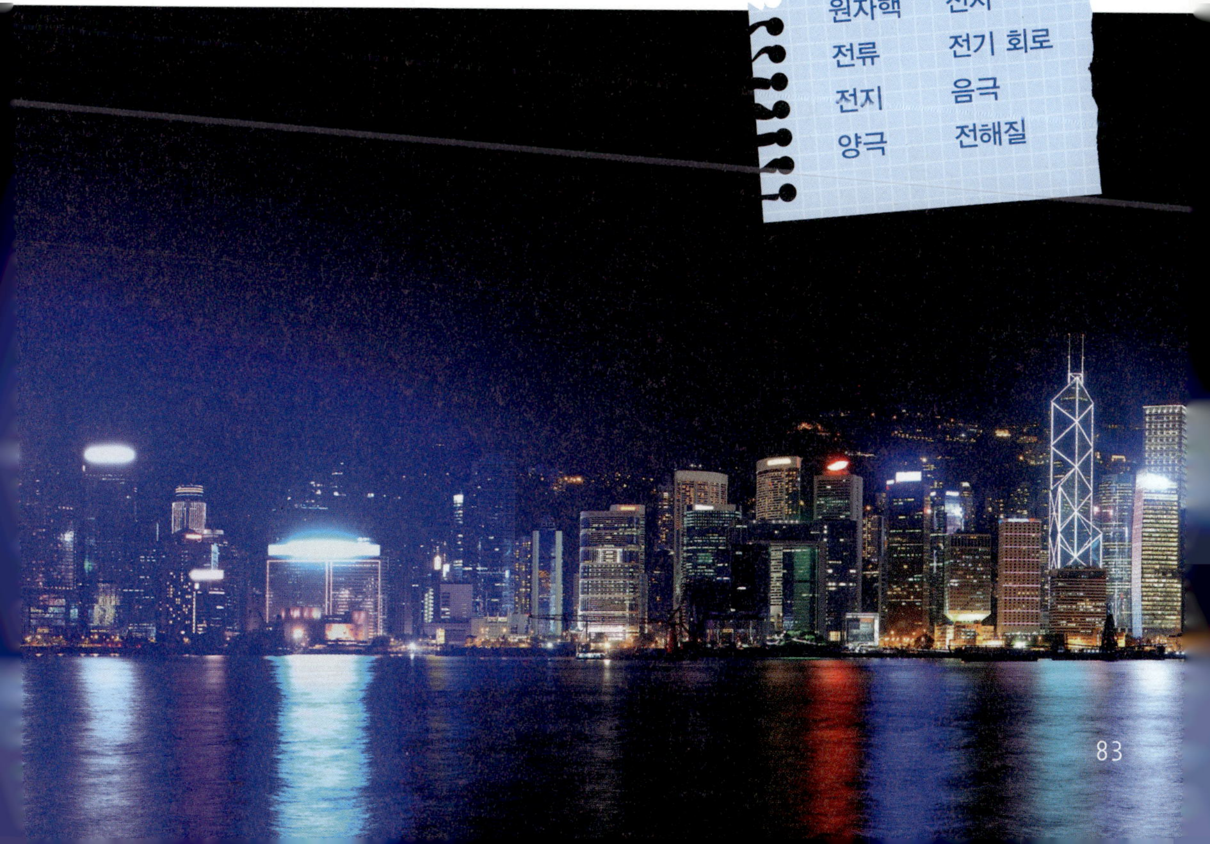

무시무시한 파괴력, 원자력 에너지

우주의 모든 물질은 원자로 이루어졌습니다. 원자는 눈에 보이지 않을 만큼 작은 입자예요. 얼마나 작은지 모래알 하나도 수백만 개의 원자가 만나야 만들어진답니다.

이렇게 작은데도 원자는 굉장한 힘을 갖고 있어요. 과학자들은 오랜 연구와 실험을 통해 원자의 구조와 특성, 쓰임새에 대해 많은 것을 알아냈답니다.

원자 속 에너지

원자의 중심에는 중성자와 양성자로 이루어진 원자핵이 자리 잡고 있습니다. 원자핵 주변은 에너지 덩어리인 전자들이 둘러싸고 있습니다.

원자핵을 이룬 중성자와 양성자는 엄청난 '힘'으로 결합하고 있어요. 그래서 원자핵은 웬만해선 잘 쪼개지지 않습니다. 만일 원자핵이 쪼개지면 그 안에서 엄청난 에너지가 뿜어져 나온답니다.

원자핵과, 원자핵 주변을 고리 모양으로 돌고 있는 전자

핵분열

원자핵이 쪼개지며 에너지가 쏟아져 나오는 것을 핵분열이라고 합니다. 많은 원자들 중에서 우라늄 원자의 핵은 다른 원자핵보다 잘 쪼개지는 성질이 있습니다. 만일 다른 곳에서 중성자가 날아와 우라늄 원자핵에 부딪치면 원자핵이 둘로 쪼개지며 핵분열이 일어납니다. 이때 원자핵에서 중성자들이 발사되는데, 이 중성자들은 다른 원자핵에 날아가 또다시 핵분열을 일으키지요.

핵분열은 이런 과정을 반복하며 연쇄적으로 일어납니다. 연쇄적인 핵분열 속에서 얻어 낸 에너지를 원자력 에너지라고 합니다. 원자력 발전소에서는 원자력 에너지를 이용해서 전기를 만들어 냅니다.

우라늄 원자에서 나오는 에너지는 무시무시한 파괴력을 보일 만큼 엄청나게 셉니다. 그래서 우라늄 원자로 폭탄을 만들기도 하지요. 우라늄 1킬로그램에서 나오는 에너지는 석탄 300만 킬로그램에서 나오는 에너지와 맞먹는답니다.

연쇄적인 핵분열

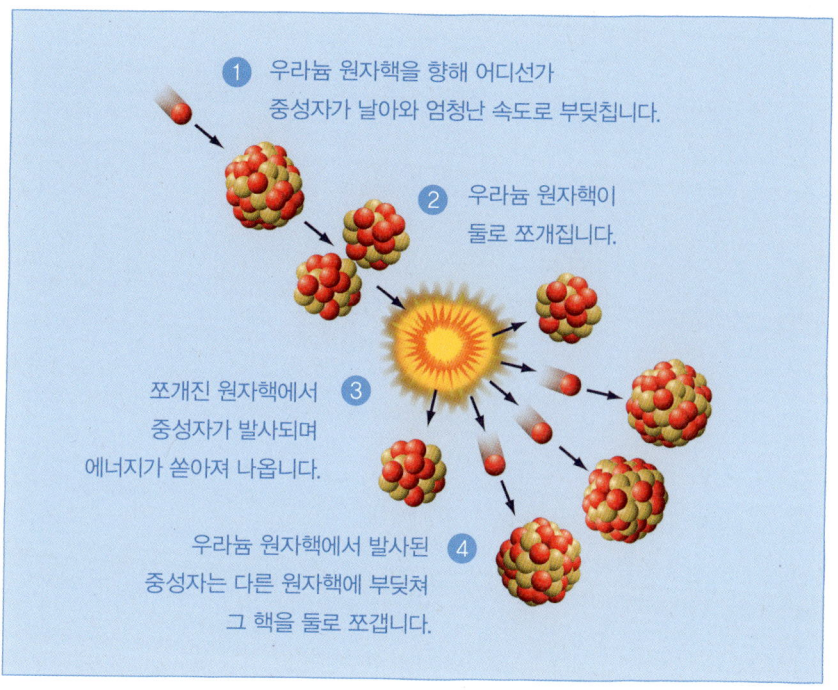

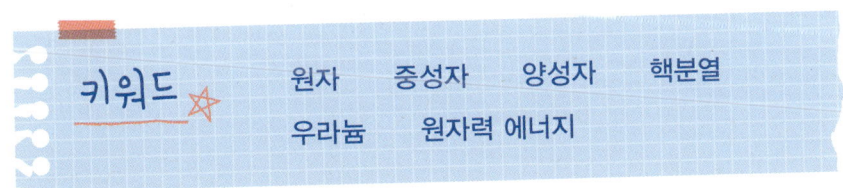

원자력 에너지를 만드는 원자로

중성자는 핵분열을 시켜서 에너지를 일으킵니다. 원자력 에너지를 만들 때는 이 중성자의 역할이 매우 중요합니다. 한 번의 핵분열에서 나오는 중성자 수는 2개 정도인데, 모든 중성자가 핵분열을 일으키지는 않아요. 어떤 중성자는 핵분열을 일으키지 못하고 사라져 버리기도 하지요. 따라서 중성자의 활동을 조절해서 핵분열이 계속해서 일정하게 일어나도록 만들어야 합니다.

원자로

중성자의 활동이 불규칙하면 핵분열이 너무 폭발적으로 일어나거나 반대로 멈춰 버릴 수도 있습니다. 원자력 발전소에서는 이런 일이 일어나지 않도록 예방하며 원하는 만큼 에너지를 끌어내기 위해 원자로라는 시설을 이용합니다. 원자로에서는 보통 우라늄을 이용해 에너지를 만듭니다. 그러니까 우라늄을 '연료'라고 할 수 있지요.

우라늄 연료를 핵분열에 이용하려면 우라늄을 금속으로 감싸서 작은 막대 모양으로 만들어야 합니다. 이것을 우라늄 연료봉이라고 하지요. 이 연료봉들을 평평하게 묶어 놓은 것을 연료집합체라고 하는데, 원자로 안에 이 연료집합체를 넣어서 핵분열을 일으킵니다.

위험한 방사능

원자력 발전은 오늘날 전기를 만드는 방법 중 가장 많이 이용되는 방법입니다. 그런데 원자력 발전은 우리의 건강과 자연환경에 매우 나쁜 영향을 끼친답니다.

원자력 발전소에서 나오는 가장 해롭고 위험한 것은 방사능 물질입니다. 핵분열, 핵융합 같은 핵반응을 일으키는 동안 원자로에서는 엄청나게 많은 방사능이 생겨납니다. 만일 방사능이 조금이라도 원자로 밖으로 새어 나오면 발전소 주변 공기와 물이 심하게 오염되고, 사람들은 시름시름 앓다가 목숨까지 잃을 수 있습니다.

　발전소에서 나오는 쓰레기인 핵폐기물을 처리하는 것도 문제입니다. 방사능이 사라지려면 수천 년이 걸린다고 해요. 그러니 방사능에 오염된 핵폐기물을 안전하게 버릴 수 있는 곳도 없답니다.

핵폐기물 통에는 왼쪽 사진처럼 반드시 새겨 넣어야 하는 기호가 있습니다. 위험한 방사능 물질이 들어 있으니 조심하라고 경고하는 표시지요. 이것은 전 세계에서 공통으로 사용하는 기호입니다.

> **키워드** ☆
>
> 원자로   연료봉
> 연료집합체
> 방사능
> 핵폐기물

원자로 안에서 핵분열을 일으켜
원자력 에너지를 만듭니다.

석유 대신 수소 연료

이 우주에 가장 많은 기체는 수소입니다. 태양은 거의 수소로 이루어져 있습니다. 따라서 수소를 이용하면 계속해서 에너지를 만들 수 있고, 수소 에너지에서는 공기를 오염시키는 화학 물질도 나오지 않습니다.

에너지 전문가들은 앞으로 석유 연료 대신 '수소 연료'가 큰 역할을 할 거라고 말합니다.

수소는 어디에 있지?

수소 기체는 매우 가벼워서 대기로 날아올라 우주로 사라지곤 합니다. 그래서 대기 중에서 수소를 끌어모으기는 쉽지 않습니다.

다행히 수소는 우리가 매일 먹거나 이용하는 물에 가득합니다. 물은 수소와 산소가 만나서 생겨난 것이지요. 그리고 메탄에도 탄소와 함께 수소가 많이 들어 있답니다.

수소 모으기

수소를 모으는 방법은 두 가지가 있는데, 바로 '수증기 변성법'과 '전기 분해'입니다. 수증기 변성법을 쓰면 메탄에서 수소를 끌어낼 수 있지만, 이 과정에서 공기를 오염시키는 온실가스가 생겨납니다. 물에 전류가 흐르게 해서 수소와 산소를 얻어 내는 전기 분해 방법은 비용이 많이 들지만 해로운 물질이 생기지 않는다는 장점이 있습니다.

수소의 사용

수소는 석유 대신 쓸 수 있는 연료로 가장 중요하게 연구되고 있습니다. 미국 항공우주국(NASA)은 우주비행선을 쏘아 올릴 때 '액체 수소'를 연료로 사용합니다. 전기를 만들어 내는 수소 연료 전지는 우주비행선 안의 전기 장치를 움직이는 데 사용됩니다.
수소 연료 전지로 전기를 만들면 물도 생기는데, 이 물을 우주비행사들이 마신답니다.

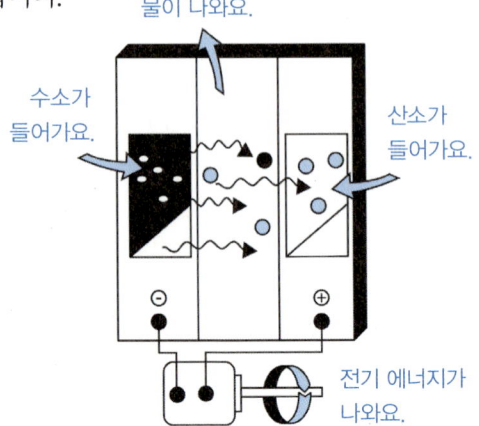

수소 자동차

수소 연료 전지는 수소와 산소가 만나 화학 반응을 일으켜서 전기를 만드는 장치입니다. 자동차에 수소 연료 전지를 설치하면 전기 에너지로 엔진이 돌아가는데, 이런 자동차를 수소 자동차라고 합니다.

수소 자동차는 공기를 오염시키지 않기 때문에 수소 자동차가 많아질수록 자연환경은 깨끗해질 것입니다. 그런데 수소 연료 전지는 너무 비싸고, 이 전지에 수소를 채워 넣을 충전소도 아직 없답니다.

세계 곳곳에는 수소 버스를 이용하는 도시가 많습니다.

키워드

전기 분해
우주비행선
수소 연료 전지
수소 자동차

수소 연료를 이용해 우주비행선을 쏘아 올립니다.

친환경 자동차 경주 대회

지금까지 살펴본 것처럼 자연환경을 해치지 않는 친환경 연료는 많습니다. 하지만 실제로 사용하기에는 비용이 너무 많이 들거나 연료의 세기가 약하다는 문제점이 있지요. 그래서 아직도 대부분의 자동차는 공기가 오염되는 걸 무릅쓰고 화석 연료를 사용하고 있습니다.

저렴하지만 강력한 힘을 발휘하고, 사용하기도 편리한 친환경 연료는 언제쯤 나타날까요?

지구를 지키는 친환경 자동차

친환경 자동차만 모여서 경주를 하는 대회들도 있습니다. 예를 들어 1인승 전기 자동차만 참가할 수 있는 '포뮬러 E 챔피언십' 같은 대회입니다.

이런 대회를 여는 목적은 사용하기 편리한 친환경 자동차를 얼른 발명해서 지구 환경을 지키기 위한 것입니다. 실용적이고 오염 물질이 나오지 않는 자동차 엔진을 개발하면 1,000만 달러(약 110억 원)를 상금으로 주는 대회도 있습니다. 그만큼 친환경 자동차 개발은 오늘날 세계인에게 매우 중요한 문제입니다. 역사적으로 가장 중요한 발명과 기술이 이런 대회를 통해 탄생하기도 한답니다.

'토카이 챌린저'라고 불리는 이 자동차는 태양 에너지를 연료로 사용합니다. 오스트레일리아에서 열린 '세계 태양 에너지 챌린지' 대회에서 2009, 2011년에 우승을 했습니다.

미국에서 열린 '태양·전기 500 레이스' 대회에서 달리고 있는 태양열 자동차

'에스코르피오'라는 이름의 이 자동차는 친환경 자동차 대회인 '셸 에코 마라톤'에 참가했습니다. 수소 에너지와 태양 에너지를 결합한 '수소·태양 하이브리드 전지'를 연료로 사용합니다.

맑고 푸른 생태 도시

지구 환경을 보호하며 자연과 사람이 함께 어우러져 살아가는 도시를 **생태 도시**라고 합니다. 나무와 풀이 많아서 **녹색 도시**라고도 하지요. 오늘날 세계 곳곳에는 생태 도시가 하나둘 세워지고 있습니다. 세계의 모든 도시가 생태 도시가 된다면 맑은 공기를 찾아서 시골로 이사 갈 필요도 없겠지요.

폴란드 바르샤바 대학교에는 도서관에 아름다운 옥상 정원이 있어요. 이 정원에서 태양 에너지를 끌어모아 도서관에서 사용합니다.

생태 도시에서는 어떻게 살아갈까?

생태 도시에서는 석유 같은 화석 연료 대신 재생 에너지를 사용합니다. 태양 에너지와 풍력 에너지로 전기를 일으키기 때문에 공기와 물이 무척 깨끗합니다.

사람들은 버스 같은 대중교통을 많이 이용합니다. 모든 사람이 쉽고 편리하게 버스를 이용할 수 있도록 만들어 놓았기 때문에 자가용 차가 필요 없지요.

생태 도시에서는 쓰레기도 훨씬 적게 나옵니다. 재사용할 수 있는 물건이 많기 때문입니다. 시청에서는 사람들이 쓰레기를 가져오면 먹을거리나 생활용품으로 바꿔 주기도 합니다. 또 나무와 풀이 많아서 여러 곤충과 동물이 함께 어우러져서 살아갈 것입니다. 이렇게 생태 도시는 시골의 장점과 도시의 장점을 함께 누릴 수 있는 곳이랍니다.

키워드 ★

생태 도시
녹색 도시
재사용

안전하고 편리한 자전거 도시

유럽에는 자동차가 발명되기 전에 세워진 도시가 많습니다. 그런 도시에는 좁은 길이 많습니다. 자동차가 다니기에는 불편한 길이지요. 그래서 많은 사람들이 자동차 대신 자전거를 이용합니다.

공기 좋은 도시

네덜란드의 암스테르담도 자동차가 나오기 전에 세워진 도시입니다. 이곳 사람들은 무리해서 길을 넓히지 않고 자전거를 타고 다닙니다. 그래서 다른 도시보다 공기가 매우 맑지요.

다른 도시들도 자동차 대신 자전거를 이용하면 대기 오염도 줄어들고, 길이 막혀서 고생하는 교통 체증 문제도 사라질 것입니다.

암스테르담

암스테르담은 땅이 평평하고 작은 편입니다. 자전거를 타고 다니기에 좋은 곳이지요. 이곳은 자전거 담당 공무원도 있을 만큼 안전하고 편리한 자전거 도시를 만들기 위해 노력하고 있어요. 거리 곳곳에는 손쉽게 이용할 수 있는 자전거 보관소가 있고, 도시 전체에 안전한 자전거 길을 만들어 놓았지요.

그래서 암스테르담 사람들은 거의 자전거를 갖고 있습니다. 사람들이 이용하는 교통수단 중 절반이 자전거일 정도예요. 이곳에서는 자전거를 빌리기도 쉽습니다. 여행객들도 자전거를 빌려서 타곤 한답니다.

자전거를 타면 다른 운동을 안 해도 될 만큼 운동 효과도 좋습니다.

길이 좁고 **수로**가 많은 암스테르담에서는 많은 사람들이 자전거로 출퇴근합니다.

많은 도시에서 **자전거 대여소**를 만들어 놓고 시민들에게 자전거 타기를 권하고 있습니다.

키워드 대기 오염   교통 체증   자전거 보관소
       수로   자전거 대여소

새어 나가는 열 에너지 막기

열 에너지 중에는 우리가 모르는 사이에 버려지는 에너지가 많습니다. 열 에너지가 작은 틈을 타서 새어 나가 버리는 것이지요. 가정에서 버려지는 열 에너지 가운데 절반은 벽이나 지붕, 마루 틈으로 빠져나갑니다. 이렇게 낭비되는 에너지 때문에 난방비나 냉방비도 많이 나오지요. 이런 문제를 막으려면 어떻게 해야 할까요?

단열

벽이나 지붕, 마루에 난 틈새를 막으면 새어 나가는 열을 막을 수 있습니다. 이렇게 열을 막는 것을 단열이라고 하지요. 단열재로 많이 쓰이는 것은 유리섬유입니다.

유리섬유는 열이 통하지 않기 때문에 유리섬유로 된 두꺼운 천을 이용해 단열을 하면 좋습니다. 좀 더 친환경적인 재료를 쓰고 싶다면 양털이나 목재 펄프로 된 단열재를 쓰는 것도 좋습니다.

단열이 얼마나 잘 되었느냐에 따라 세금을 매기는 나라도 있습니다. 진초록색 집이 단열 상태가 가장 좋고, 빨간색 집은 가장 안 좋습니다.

난방비 줄이기

건물 틈새를 막으면 돈을 많이 들이지 않고 새어 나가는 에너지를 막을 수 있습니다. 틈이 있으면 안에 있는 공기가 밖으로 빠져나가고, 바깥 공기는 안으로 들어옵니다. 따라서 틈새를 막으면 난방비를 많이 줄일 수 있어요. 여러분의 집에도 잘 닫히지 않는 창문이나 현관문 아래 등에 틈새가 있지 않은지 잘 살펴보세요.

틈새가 많은 다락을 단열하면 에너지를 아낄 수 있습니다.

냉방비 줄이기

에어컨은 건물 안의 따뜻한 공기를 빨아들여 차갑게 식힌 다음 다시 건물 안으로 들여보냅니다. 빠르게 더위를 식혀 주기 때문에 더운 계절이면 많은 건물에서 에어컨을 틀지요. 그런데 에어컨은 대체로 화석 연료에서 얻은 에너지를 쓰며, 전기 요금이 많이 나옵니다.

요즘 건축 전문가들은 에너지가 절약되는 냉방법을 찾아 많은 연구를 합니다. 그중 한 방법으로 얼음 냉각법이 있습니다. 먼저 전기 요금이 싼 밤에 전기를 써서 커다란 탱크 속의 물을 얼리고, 낮이 되면 그 얼음 위로 바람을 보내서 차가운 공기를 만듭니다. 그리고 그 공기를 건물 환풍구 안으로 들어가게 하는 것이 얼음 냉각법입니다.

얼음 호텔

스웨덴에는 1990년쯤에 지은 세계 최초의 얼음 호텔이 있습니다. 얼음과 눈으로 만든 그 호텔 안에 따뜻한 물건이라곤 하나도 없습니다. 따뜻한 것이라곤 오로지 손님들 몸에서 나오는 열뿐이지요. 호텔 안 온도는 언제나 영하 5도에서 8도에 머문답니다.

얼음 호텔 안 열기는 손님 몸에서 나오는 열뿐입니다.

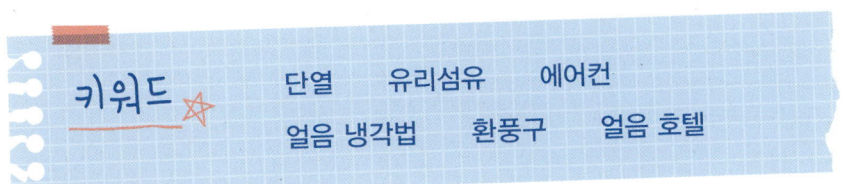

키워드 ★   단열   유리섬유   에어컨
         얼음 냉각법   환풍구   얼음 호텔

환경을 파괴하는 탄소 발자국

탄소 발자국이란 말을 들어 보았나요? 진짜 발자국은 아니에요. 그런데 발자국처럼 사람들 뒤에 남겨지기 때문에 발자국이라는 말이 붙었답니다.

탄소 발자국이란 사람들이 살아가면서 이런저런 방법으로 만들어 내는 '이산화탄소의 양'을 말합니다. 집이나 학교, 직장, 길거리 등 사람들이 거쳐 가는 모든 곳에서 이산화탄소가 생겨납니다. 어떻게 이산화탄소가 생겨나는지 알아볼까요?

이동 발자국

우리는 차를 타고 이동한 만큼 에너지를 쓰고 탄소 발자국을 남깁니다. 자동차가 화석 연료를 쓰면서 이산화탄소를 내보내기 때문입니다. 기차나 비행기를 타면 탄소 발자국은 더 늘어납니다.

차를 타고 이동할 때 탄소 발자국을 줄이고 싶다면 자가용이나 택시보다는 버스를 이용하세요. 버스는 많은 사람이 함께 타기 때문에 그만큼 탄소 발자국이 줄어든답니다.

날마다 생기는 탄소 발자국

탄소 발자국은 우리 생활 곳곳에서 생겨납니다. 전등, 텔레비전, 냉난방기 등을 이용할 때, 그리고 전기가 필요 없는 제품을 사용할 때도 탄소 발자국이 생겨납니다.

전자제품은 깨끗한 전기 에너지로 작동하지만, 발전소에서는 그 전기를 만들면서 이산화탄소를 내보내지요. 전자제품이 아닌 다른 많은 제품도 공장에서 만드는 동안 이산화탄소를 내보냈습니다. 따라서 우리 주변의 모든 물건을 아껴 쓴다면 탄소 발자국을 줄일 수 있습니다.

　방이 4개인 집에서 25개의 전구를 쓰고 기름 보일러를 사용하면 해마다 7,500킬로그램 정도의 이산화탄소가 나온다고 합니다. 물론 집에서 어떤 제품을 쓰느냐에 따라 그 양은 달라집니다.

환경 파괴

　탄소 발자국이 늘어날수록 지구 환경은 더욱 파괴될 것입니다. 이산화탄소가 많아지면 온실가스가 많아져서 지구 온난화가 더 심해지기 때문입니다. 모든 사람이 생활 곳곳에서 에너지를 아끼고 친환경 제품을 사용한다면 우리가 내보내는 이산화탄소는 훨씬 줄어들 것입니다.

에너지 아끼기

　탄소 발자국을 줄이기는 매우 힘듭니다. 하지만 탄소 발자국이 늘어나는 속도를 줄이기는 쉽습니다. 우리 생활 곳곳에서 이산화탄소 배출량을 줄이면 되거든요. 우리 모두가 하루에 조금씩만 에너지를 덜 써도 지구의 전체 이산화탄소 배출량은 엄청 많이 줄어들 것입니다.

우리 집은 에너지를 얼마나 쓸까?

우리는 집에서 얼마나 많은 에너지를 쓰고 있을까요? 다음 물음에 답하면서 생각해 보세요.

1. 집에 화장실이 몇 개인가요? _____ 개
   화장실 전구를 모두 합하면 몇 개인가요? _____ 개
2. 방에는 전구가 몇 개씩 달려 있나요? _____ 개
   방의 전구를 모두 합하면 몇 개인가요? _____ 개
3. 거실, 부엌, 다용도실, 복도, 서재에는 전구가 몇 개씩 있나요? _____ 개
   그 밖의 공간에 있는 전구는 모두 몇 개인가요? _____ 개
4. 집 전체에 있는 전구는 모두 몇 개인가요? _____ 개
5. 집에 있는 모든 전구를 하루에 네 시간 동안 켜 놓는다면
   총 몇 시간이 되나요? _____ 시간
6. 전구 하나를 한 시간 동안 켜는 데 약 110원어치 전기가 든다고 합시다.
   집에 있는 모든 전구를 하루에 네 시간 동안 켜 놓았다면
   돈을 얼마나 쓴 셈일까요? _____ 원

6번의 답에다 하루 동안 부엌에서 쓰는 가스 값과 욕실에서 쓰는 온수 값을 더해 보세요.

대중교통을 이용하면 이산화탄소 배출량이 줄어듭니다.

전원을 끕시다

텔레비전, 오디오, 컴퓨터 등을 이용하지 않을 때는 전원을 완전히 꺼 놓으세요. 그러지 않고 대기 모드로 두면 에너지가 조금씩 새어 나갑니다. 휴대 전화도 충전이 끝나면 곧바로 콘센트에서 뽑아 두어야 합니다.

지금 주변을 둘러보세요. 사용하지도 않으면서 콘센트에 꽂혀 있는 제품이 있지는 않나요?

걷거나 자전거 타기

가까운 거리는 걷거나 자전거를 타고 다니도록 합시다. 화석 연료 대신 내 몸에 있는 에너지를 쓰는 거예요. 그러면 지구에 얼마 남지 않은 연료를 아낄 수 있고, 이산화탄소 배출량을 줄일 수 있고, 내 몸을 건강하게 지킬 수 있답니다.

태양 에너지 이용하기

집에 태양열 집열판이나 태양 전지판을 달면 화석 연료 대신 태양 에너지로 물을 데우고 보일러를 돌릴 수 있습니다. 여러 가전제품에 필요한 전기 에너지도 만들어 쓸 수 있어요. 그러면 전기 요금도 아끼고, 이산화탄소 배출량도 줄어들고, 지구의 건강까지 지킬 수 있답니다.

태양 에너지를 이용하면 자연환경을 지킬 수 있어요.

소형 풍력 터빈 달기

바람이 많이 부는 곳에 산다면 집에 소형 풍력 터빈을 달아 보세요. 바람의 힘으로 터빈을 돌려 전기 에너지를 얻어 내는 거예요. 기둥에 달린 터빈은 집 주변에서 바람이 가장 많은 곳을 찾아 간편하게 세울 수 있습니다.

키워드

탄소 발자국
이산화탄소 배출량

소형 풍력 터빈은 대형 풍력 터빈과 같은 원리로 전기를 만듭니다. 바람의 힘으로 터빈을 돌려서 전기 에너지를 만들지요.

용어 설명

ㄱ

간헐천　땅속의 열로 뜨거워진 지하수가 띄엄띄엄한 간격으로 뿜어져 나오는 것
광자　아주 작은 빛 알갱이(입자)
광합성　물, 이산화탄소, 햇빛을 이용해 스스로 영양분을 만드는 것

ㄷ

단열　어떤 공간에서 빈틈으로 새어 나가는 열, 또는 들어오는 열을 막는 것
대기　지구를 둘러싼 공기층
댐　높은 벽을 세워 강물이나 바닷물을 가두어 놓은 것. 수력 발전이나 농업, 공업 용수 등으로 쓰인다.
딥워터 허라이즌호　멕시코만 바다에 있었던 석유 시추선(바닷속 석유를 찾는 배). 2010년 폭발하여 엄청난 석유를 쏟아내며 바닷속으로 가라앉았다.

ㅁ

메탄가스　동식물이 썩을 때 박테리아 같은 미생물의 활동으로 생겨나는 가스. 연료로 많이 쓰이며, 지구 온난화를 일으킨다.

ㅂ

바이오디젤　콩, 유채, 포도씨, 카멜리나 등 식물의 기름으로 만든 연료. 바이오매스 중 하나다.
바이오매스　에너지를 만드는 데 이용되는 동식물. 나무, 고구마, 사탕수수, 죽은 동물, 해조류 등이 있다.
바이오에탄올　사탕수수, 밀, 옥수수, 감자 등 녹말 작물에 있는 설탕 부분을 발효해서 만든 연료

발전기 풍력, 수력, 조력 에너지 같은 동력 에너지를 전기 에너지로 바꾸는 장치. 직류 발전기와 교류 발전기가 있다.

방사능 원자핵이 쪼개지면서 눈에 보이지 않는 빛 알갱이인 방사선이 나오는 것. 방사능 물질은 사람과 동식물의 건강에 매우 해롭다.

배출량 밖으로 내보내는 물질의 양

비재생 에너지 석탄, 석유처럼 쓰면 쓸수록 줄어드는 에너지원으로 생산한 에너지

ㅅ

산성비 황산, 질산 같은 산성 물질에 오염된 비. 자동차, 공장 등에서 나오는 매연이 공기 중의 수증기와 만나 산성비가 내린다. 산성비는 동식물의 건강을 해치고 자연의 생태계를 무너뜨린다.

소각로 쓰레기를 태우는 시설

소형 풍력 터빈 가정에서 쓸 전기를 만들기 위해 집 주변에 설치하는 휴대용 풍력 터빈. 바람을 날개바퀴의 날개에 부딪히게 해서 힘을 얻는다.

수력 발전 움직이는 물의 힘을 이용해 전기 에너지를 만드는 일

수력 에너지 물이 높은 곳에서 낮은 곳으로 떨어질 때 생기는 에너지

수문 댐 안의 물을 완전히 가두어 두거나 밖으로 내보내기 위해 설치한 문

수소 우주에서 가장 가볍고 양이 많은 기체로 색도 없고 냄새도 없다.

수소 에너지 수소를 이용해 만든 에너지. 석유 연료 대신 사용하기 좋은 무공해 에너지

수소 연료 전지 수소와 산소가 만나 화학 반응을 일으켜서 전기를 만들어 내는 장치

시추선 바다 밑바닥에 묻힌 석유를 찾아서 끌어올리는 배

쓰레기 매립장 땅을 파서 쓰레기를 묻는 곳. 더 이상 재활용하기 어려운 쓰레기는 태운 다음 땅속에 묻는다.

ㅇ

에너지원 석탄, 석유, 태양, 바람, 물 등 에너지를 만드는 데 쓸 수 있는 자원

온실가스 공기를 오염시켜서 지구 온난화를 일으키는 가스로 이산화탄소, 메탄가스 등이 있다.

우라늄 잘 쪼개지는 성질이 있어서 원자력 발전에 많이 이용되는 원자

원유　땅속에서 끌어올려서 휘발유, 경유 등으로 분리되기 전의 천연 석유

원자　더 이상 쪼갤 수 없는 매우 작은 알갱이로, 모든 물질은 원자로 이루어져 있다. 원자는 하나의 핵과 이를 둘러싼 여러 개의 전자로 구성되어 있다.

원자력 에너지　우라늄, 플루토늄 같은 원자의 핵이 쪼개질 때 나오는 에너지

원자로　원자력 에너지를 만들어 내는 장치. 연쇄적인 핵분열이 일어날 때 그 속도를 조절하며 안전하게 에너지를 끌어내기 위한 시설이다.

위치 에너지　어떤 위치에 있는 물체가 다른 위치로 이동할 때 생기는 에너지. 높은 곳에서 아래로 떨어지는 물체의 힘, 늘어난 고무줄이 원래 상태로 돌아가려는 힘 등이 위치 에너지다.

유기물　동물이나 식물 같은 생명체를 이루고 있는 물질

유기물 쓰레기　음식물 쓰레기, 가축의 똥과 오줌, 나무껍질처럼 동식물에서 나온 쓰레기

유리섬유　유리로 만든 가느다란 실. 불에 타지 않고 열에 강한 성질이 있어서 단열재를 만드는 데 많이 쓰인다.

이산화탄소(CO_2)　어떤 물질이 탈 때, 또는 생물이 호흡하거나 썩을 때 생기는 기체. 지구 온난화에 가장 큰 원인이 되는 물질이다.

이산화황　산성비를 일으키는 색깔 없는 기체로, 석탄이나 석유가 타면서 나오는 기체 중 하나다.

인터넷 카페　컴퓨터를 여러 대 설치하여 손님들이 인터넷을 이용할 수 있게 만든 카페

ㅈ

재생 에너지　자연에서 계속해서 생겨나는 에너지원으로 생산한 에너지. 풍력, 수력, 태양, 수소 에너지 등이 있다.

전기 에너지　전자의 이동에 따라 전류가 흐르면서 생기는 에너지

정유 공장　바닷속에서 끌어낸 천연 그대로의 석유를 걸러서 휘발유, 등유, 경유 등을 만드는 공장

조력 발전소　조력 에너지를 전기 에너지로 바꾸는 곳

조력 에너지　밀물과 썰물의 흐름을 이용해 만든 에너지

지구 온난화　대기 오염 때문에 지구의 평균 온도가 비정상적으로 올라가는 것. 이렇게 기온이 올라가면서 생태계가 변해서 일어나는 문제를 일컫기도 한다.

지열　땅속에서 나오는 열, 즉 지구가 본래부터 품고 있는 열. 지구 중심으로 갈수록 더

뜨겁다.
지열 에너지   지구가 품고 있는 열을 끌어내 만든 에너지
질소산화물   질소와 산소로 이루어진 기체이며 대기를 오염시킨다.

ㅊ

천연가스   석유나 석탄이 묻힌 곳에서 천연으로 나는 불에 타는 가스. 천연가스 연료는 석유 연료보다 오염 물질이 적게 나온다.
친환경 에너지   오염 물질이 나오지 않아서 자연환경을 해치지 않는 에너지

ㅌ

탄소 발자국   사람들이 살아가면서 이런저런 방식으로 만들어 내는 이산화탄소의 양
태양 에너지   태양이 내보내는 빛과 열 형태의 에너지
태양열 집열판   태양열을 끌어모아 물을 데우거나 난방에 이용하는 장치
태양 전지   태양의 빛 에너지를 전기 에너지로 바꾸는 장치
터빈   물, 바람, 증기 등의 힘으로 회전 날개를 세차게 돌려서 기계적인 힘을 얻어 내는 장치. 증기 터빈, 가스 터빈, 풍력 터빈 등이 있다.

ㅍ

풍력 발전   풍력 에너지로 전기 에너지를 만들어 내는 것
풍력 에너지   바람의 힘에서 나오는 에너지

ㅎ

핵분열   원자핵이 쪼개지면서 에너지가 쏟아져 나오는 것. 우라늄 원자핵이 중성자를 흡수하면 두 개의 다른 원자핵으로 나눠진다.
화석 연료   석탄, 석유, 천연가스 등을 말한다. 까마득한 옛날, 죽은 동식물이 수백만 년 동안 땅속에 묻힌 채 화석처럼 굳어서 만들어졌다.
화학 에너지   어떤 물질에 화학 반응이 일어날 때 빨아들이거나 내뿜는 에너지. 예를 들어

식물은 햇빛을 받아 자라는 동안 탄수화물을 만들어 몸에 저장해 두는데, 이것은 곧 태양의 빛 에너지가 화학 에너지로 바뀌어 몸에 들어온 것이다.

환풍구   더러운 공기를 밖으로 내보내고 맑은 공기가 들어오도록 프로펠러 같은 장치를 설치한 구멍

찾아보기

ㄱ

간헐천 78, 79
광부 19
광산 18, 19
광자 38, 39
광합성 11, 61, 63
교통 체증 103, 105
기름 21, 23, 28, 29, 31, 62
기름 유출 28, 29, 31

ㄴ

난방 시설 16, 19, 57, 62, 78
녹색 도시 100, 101
농작물 54, 55

ㄷ

단열 107~109
대기 오염 103, 105
댐 68~71, 74, 75
독성 31, 59
딥워터 허라이즌호 30, 31

ㅁ

메탄가스 58, 59

미세먼지 25, 27
밀물 72~75

ㅂ

바이오디젤 60, 62, 63
바이오매스 60, 62, 63, 66, 80, 83
바이오에탄올 60, 63
발전기 39, 49, 51, 66, 69, 71, 75, 78
발전소 16, 19, 62, 70, 74, 78, 89, 90, 111
방사능 89~91
배출량 112, 113, 115
비재생 에너지원 17~19, 21

ㅅ

사회적 기업 55
산성비 25, 27, 33
생태 도시 100, 101
석유 10, 12, 14, 20~24, 26, 28~33, 83, 92, 93, 101
석탄 10, 12, 14, 16~19, 21, 32, 33, 80, 83, 86
소각로 57, 59
수력 발전소 65, 67, 68
수력 에너지 64, 66, 67, 69

수로   104, 105
수문   69~71
수소   13, 15, 83, 92~95, 99
수소 연료 전지   94, 95
수소 자동차   94, 95
수압관   69~71
시추선   22, 23, 30
시화호 조력 발전소   74, 75
썰물   72~75

유리섬유   107, 109
유조선   28, 29, 31
음극   39, 82, 83
이산화탄소   11, 33, 34, 61, 110~112, 115
이산화탄소 배출량   112~115
e폐기물   42, 43
인도(길)   46
인터넷 카페   41~43

ㅇ

양극   39, 82, 83
양성자   85, 87
얼음 냉각법   108, 109
얼음 호텔   109
에어컨   80, 108, 109
연료봉   89, 91
연료집합체   89, 91
연쇄적인 핵분열   86
온실가스   25, 27, 93, 112, 115
온천   78, 79
우라늄   86, 87, 89
우주비행선   93~95
운동 에너지   10, 11
원자   13, 81, 84~87
원자력 에너지   10, 86~88, 91
원자로   84, 86, 88, 89, 91
원자핵   10, 81, 83, 85~87
위치 에너지   10, 11
유기물 쓰레기   57~59

ㅈ

자전거 대여소   104, 105
자전거 보관소   103, 105
재사용   101
재생 에너지   37, 39, 66, 101,
재활용   43, 56, 57, 62
전기 분해   93, 95
전기 자동차   45, 97, 98
전기 회로   82, 83
전류   82, 83, 93
전자   11, 81~83, 85
전지   82, 83
전해질   82, 83
전환   14, 15
정유 공장   21, 23
조력 에너지   73~75
조류   73, 75
조류 터빈   75
줄(단위)   13, 15
중금속   43

중성자　85~89
증기　38, 78, 79
지구 온난화　25, 27, 66, 111, 112, 115
지렛대　53, 55
지열 난방　79
지열 발전　34
지열 발전소　78, 79
지열 에너지　76, 78, 79
지열저류암　78, 79

ㅊ
차도　46
천연 에너지원　14, 15
충전　11, 42, 45, 114
친환경 에너지　11, 79
친환경 자동차　96~99

ㅌ
탄소 발자국　110~112, 115
태양 에너지　13, 37, 39, 61, 66, 73, 97, 99~101, 114
태양열 도로　44~46
태양열 집열판　38, 39
태양 전지　38, 39, 45
터빈　38, 49, 50, 51, 66, 69, 70, 74, 75, 115

ㅍ
파장　36, 39
판(지구)　77, 79
페달 펌프　53~55
펠릿　62, 63
풍력 발전　49, 51
풍력 발전 단지　50, 51
풍력 에너지　48, 49, 51, 101
풍력 터빈　49~51, 75, 115
풍차　49, 51
플랑크톤　21, 23
피스톤　53, 55

ㅎ
핵분열　86~89, 91
핵융합　13, 15, 89
핵폐기물　90, 91
헬륨　13, 15
화산　78, 79
화석 연료　14, 15, 32~35, 96, 101, 111, 114
화학 분산제　31
화학 에너지　10, 36, 61, 63, 82
환풍구　109

사진 출처

- 9쪽　　　Glenda
- 10쪽　　왼쪽-Batanin
  　　　　오른쪽-JJ pixs
- 14~15쪽　STILLFX
- 17쪽　　Captain Yeo
- 18쪽　　위-Lee Prince
  　　　　가운데-adamziaja.com
  　　　　아래-denis kuznetsov
- 19쪽　　Andriy Solovyov
- 21쪽　　Zacarias Pereira de Mata
- 22~23쪽　think4photop
- 23쪽　　Danicek
- 25쪽　　shutterstock
- 26쪽　　왼쪽-pozitivo
  　　　　오른쪽-Galina Andrushka
- 27쪽　　위-Tony Mathews
  　　　　아래-Kay Dollfus
- 29쪽　　왼쪽-Corepics VOF
  　　　　오른쪽-Julie Dermanski/Corbis
- 30~31쪽　Narongsak Nagadhana
- 34~35쪽　Dudarev Mikhail
- 37쪽　　Andreytiyk
- 38쪽　　Mona Makela
- 39쪽　　위-Ulrich Mueller
  　　　　아래-peswiki.com
- 41쪽　　Computer Aid International
- 42쪽　　Computer Aid International

- 43쪽   Tony Roberts
- 46~47쪽   theverge.com
- 50~51쪽   Tony Moran
- 54쪽   Anton Foltin
- 55쪽   Atul Loke / Panos
- 57쪽   Carsten Medom Madsen
- 58쪽   Philip Cohen/Wikimedia.org
- 59쪽   Antonio V. Oquias
- 62쪽   위-Alex Kuzhak

  아래-nostal6ie
- 63쪽   위-Carolina K. Smith MD

  아래-photo courtesy of the Nebraska Soybean Board
- 65쪽   Patricia Hofmeester
- 66쪽   Dmitry Naumov
- 67쪽   Artemyeva
- 69쪽   AceFighter19/Wikimedia.org
- 70쪽   위-Zeljko Radojko

  아래-Colin Stitt
- 71쪽   위-kmannn

  아래-CrackerClips Stock Media
- 73쪽   Galaxy Picture Library/Alamy
- 74쪽   Maher Attar/Sygma/Corbis
- 77쪽   Corepics VOF
- 78쪽   Pavel Skopets
- 79쪽   N. Minton
- 81쪽   Peshkova
- 82~83쪽   Songquan Deng
- 83쪽   Nicola Ambros
- 85쪽   Ezume images
- 87쪽   Armin Rose
- 90쪽   Gonul Kokal

- 90~91쪽　　Josef Mohyla
- 94쪽　　　Martin Bond/Science Photo Library
- 95쪽　　　NASA
- 97쪽　　　Hideki Kimura, Kouhei Sagawa/Wikimedia.org
- 98~99쪽　　Mike Blake/Reuters/Corbis
- 101쪽　　RossHelen
- 104쪽　　위-Profimedia International s.r.o./Alamy

　　　　　아래-Isa Fernandez Fernandez
- 105쪽　　Eric Gevaert
- 107쪽　　Slavo Valigursky
- 108쪽　　Joe Belanger
- 109쪽　　Elisa Locci
- 112쪽　　Desinsstock
- 113쪽　　Monkey Business Images
- 114쪽　　Alf Ribeiro
- 115쪽　　위-Daniel Schweinert

　　　　　아래-Pixbox77

교과 연계

사회 5학년	1학기 2. 환경과 조화를 이루는 국토
사회 6학년	2학기 4. 변화하는 세계 속의 우리
과학 3학년	2학기 2. 지층과 화석
과학 5학년	1학기 1. 온도와 열
과학 6학년	1학기 2. 생물과 환경 2학기 2. 전기의 작용

지그재그 초등과학백과사전 9
불끈불끈 에너지는 어디서 생길까?

초판 1쇄 발행 2017년 8월 21일

지은이	게리 베일리
그린이	율리야 소미나
감수	정갑수
옮긴이	방진이

펴낸이	김한청
편집	고태화
마케팅	최지애
디자인	김지혜

펴낸곳	(주)다른미디어
출판등록	2017년 4월 6일 제2017-000088호
주소	서울시 마포구 동교로27길 3-12 N빌딩 3층
전화	02-3143-6478
팩스	02-3143-6479
블로그	http://blog.naver.com/magicscience_pub
페이스북	https://www.facebook.com/magicsciencepub
이메일	khc15968@hanmail.net
ISBN	979-11-960775-0-1 74400
	979-11-960775-1-8 (세트)

매직사이언스는 (주)다른미디어의 과학 브랜드입니다.

잘못 만들어진 책은 구입하신 곳에서 바꾸어 드립니다.
값은 뒤표지에 있습니다.

이 책은 저작권법에 의해 보호를 받는 저작물이므로,
서면을 통한 출판권자의 허락 없이 내용의 전부 혹은 일부를 사용할 수 없습니다.

이 도서의 국립중앙도서관 출판예정도서목록(CIP)은 서지정보유통지원시스템 홈페이지
(http://seoji.nl.go.kr)와 국가자료공동목록시스템(http://www.nl.go.kr/kolisnet)에서
이용하실 수 있습니다.(CIP제어번호: CIP2017019439)

어린이제품 안전특별법에 의한 기타 표시사항

제품명 도서 | **제조자명** (주)다른미디어 | **전화번호** 02-3143-6478
주소 서울시 마포구 동교로27길 3-12 N빌딩 3층 | **제조년월** 2017년 8월 21일 | **사용연령** 8세 이상